LA

VÉRITÉ A CHEVAL.

PARIS. — TYPOGRAPHIE DONDEY-DUPRÉ,
rue Saint-Louis, 46, au Marais.

LA
VÉRITÉ A CHEVAL

PAR LE COMTE SAVARY

DE LANCOSME-BRÈVES

MEMBRE DU CONSEIL-GÉNÉRAL DU DÉPARTEMENT DE L'INDRE.

DESSINS D'EUGÈNE GIRAUD ET DE PH. LEDIEU,

GRAVÉS PAR GAGNON.

PARIS.

LEDOYEN, LIBRAIRE-ÉDITEUR,
PALAIS-ROYAL, 31.

1843

Craignant d'être accusé par mes amis d'insouciance dans un moment si critique pour l'avenir équestre, j'ai interrompu la seconde partie de mon ouvrage *De l'Équitation et des Haras*, et je me suis décidé à me mêler à la polémique du jour. J'avais en outre quelques comptes à régler avec plusieurs âmes charitables, et je crois l'avoir fait d'une manière satisfaisante pour elles et pour moi.

Ami de la vérité, j'ai toujours eu fort peu d'estime pour ceux qui s'en écartent volontairement. J'ignore l'accueil qui sera fait à cet ouvrage, et je n'ose lui prédire une longue existence; néanmoins, mon intention n'est pas dès à présent de le réduire à un seul volume; d'autres le suivront sous le même titre, car il sera nécessaire pour moi de me défendre contre les attaques de mes adversaires. Voici le plan que j'ai adopté.

Tous ceux qui combattront mes principes trouveront la réfutation de leurs opinions dans LA VÉRITÉ A CHEVAL, ou le retour sincère à leurs idées, s'ils me prouvent que je suis dans l'erreur.

S'il paraît quelques brochures sur mes amis ou sur moi, la réponse ne se fera pas attendre.

Lorsqu'un ouvrage sur l'équitation sera publié, quelle que soit l'opinion manifestée par son auteur sur mes principes, il trouvera en moi un juge impartial, et prêt à lui rendre justice toutes les fois que son livre pourra être utile à la science.

Je préviens d'avance que je n'ai pas la prétention de m'astreindre aux règles rigoureuses d'une composition classique. Considérant l'équitation comme la science universelle des hommes hippiques, je rangerai dans son domaine et je traiterai toutes les questions plus ou moins sérieuses du monde équestre.

L'élève des chevaux, le dressage, la chasse, les courses, ainsi que tout ce qui se rattache même indirectement à l'un de ces sujets, trouveront place dans cet ouvrage.

En un mot, dans un livre de cette nature, je désire être libre de traiter accidentellement, et à mesure qu'elle se présentera, toute question sur laquelle s'exerce la polémique, réservant la sévérité du plan et de la méthode pour mes ouvrages purement scientifiques.

PREMIÈRE PARTIE.

Un pas de Cler dans la science équestre.

Tout le monde connaît et apprécie à sa juste valeur l'opuscule de M. Albert Cler, *la Comédie à cheval*. Lancé un peu tard dans la carrière équestre, l'auteur a marché dans cette pénible voie à pas de géant. Aussi après avoir lu l'ouvrage, j'ai dû me dire : *Les écuyers ne sont pas ce qu'un vain peuple pense*. La gloire d'avoir conquis un si spirituel et si profond critique suffirait seule à rehausser l'équitation à mes yeux, si déjà je n'étais convaincu de son mérite intrinsèque.

Dans la rue du Faubourg Saint-Martin, n° 11, se trouve au fond d'une cour étroite un manége, le plus modeste de

Paris ; sur la porte on lit *Manége Pellier* [1]. Dans ce lieu de travail plusieurs héros équestres se donnent rendez-vous [2]. Si je parle de ce manége, c'est qu'il m'est difficile de ne pas y reporter souvent mes souvenirs ; c'est là que l'auteur de *la Comédie à cheval* a observé les travers équestres, et qu'un beau matin il les a jetés à la face des cavaliers du *sport*, comme jadis Beaumarchais jetait à la face de ses antagonistes ses spirituelles et accablantes vérités.

Maintenant Job, Buffon et autres écrivains à la suite, n'auront plus voix aux chapitres équestres. L'auteur nous prouve que ni l'un ni l'autre n'étaient initiés aux flexions de l'encolure, et que le cheval n'a jamais tenu le langage que lui prête Job. En effet, quel est celui d'entre nous qui peut affirmer que le cheval de guerre est inaccessible à la peur, *qu'il tressaille aux commandements des chefs et aux cris des soldats, qu'il écume, frémit, dévore l'espace, et répond aux fanfares par le cri : Allons!*

Le style seul de ces *écuyers*, comme le dit malicieusement l'auteur, doit être pris en considération. Désormais le prophète Job ne sera plus qu'un poëte lyrique, et M. de Buffon un grand naturaliste, cheval à part.

[1] Ce manége appartient de nouveau maintenant à son ancien maître, M. Jules Pellier, professeur habile, écuyer modeste et ami dévoué. Tout le monde a su apprécier sa conduite sage et généreuse en plus d'une occasion.

[2] MM. le baron de Curnieu, Gaussen, marquis de Miramon, de Sainte-Reine, Villars. On ne les voit jamais travailler un cheval avec l'ardeur et le feu qui annoncent souvent l'irréflexion. Toujours calmes et sérieux dans leur travail, tout annonce en eux l'écuyer qui cherche à se rendre compte, et les résultats qu'ils obtiennent prouvent qu'ils ont compris.

Cependant je trouve l'auteur injuste quand il prétend que le cheval n'est pas sensible. Je parle ici des qualités du cœur. « *En réalité prosaïque*, nous dit-il, *le cheval est sentimental comme une règle de trois, et impressionnable comme un coffre-fort de banquier*. Ce terme de comparaison, dont je m'offenserais si j'étais cheval, me prouve une chose, c'est que le cheval n'a jamais été franc avec Albert Cler. Les éperons de cet écrivain et la plume de ce cavalier sont également acérés, et je conçois que la timidité naturelle au cheval le porte à être un peu dissimulé en présence d'un pareil champion. Je pourrais même affirmer qu'à l'exception de Pégase, tout cheval monté par l'auteur devient *grognard*, ce qui ne l'empêche pas de se cadencer fort agréablement sous l'étreinte vigoureuse de ce *Napoléon* des défenses.

On est obligé de faire souvent contre fortune bon cœur ; c'est le sort des chevaux de l'auteur et de beaucoup d'autres encore.

Comme il faut toujours s'attaquer aux vieux usages ou aux auteurs anciens, force boulets rouges sont tirés sur les aphorismes équestres de la Broue et de Pluvinel. Je les défendrais, si à côté de certaines fautes tant soit peu burlesques, ne se trouvaient de bonnes et excellentes doctrines qui font oublier les barbarismes équestres. Lisez, s'il vous plaît, le discours de Pluvinel à Louis XIII enfant. Quel Bossuet en bottes à l'écuyère que ce chef de la grande écurie !

Les arguments précis pour le dressage du cheval en liberté, et qui amènent cet animal à exécuter des tours en apparence si merveilleux, sont les corollaires du tact, de la patience, de la chambrière, et d'autant plus décisifs, selon la remarque de Cler, qu'ils sont accompagnés de plus de morceaux de sucre. Vous entendez, lecteurs, beaucoup de sucre… *O tempora, o mores !* qui eût pensé qu'Albert Cler aurait fait des réclames pour les fabricants de sucre indigène !

Si l'auteur avait au moins consulté le cheval pour savoir ce qu'il préfère du sucre de betterave ou du sucre de canne ; mais non, son intérêt seul l'a guidé. On va même jusqu'à dire qu'il ne vit plus que de sucre.

Ceci me rappelle qu'à propos de dressage, un écuyer, possesseur, sans doute, d'un verger superbe en Normandie, prétendait que pour dresser un cheval il suffisait de lui donner à manger des pommes.

La betterave et la pomme sont donc appelées à jouer un rôle sérieux dans les premiers traités équestres qui paraîtront.

Le cheval sera désormais une vérité.

Ce second chapitre, que j'ai trouvé trop court, a été écrit
pour nous faire remarquer *qu'un cheval n'est point un chien
caniche, et qu'un caniche n'est point un cheval.* En effet, nous
dit l'auteur, *le cheval tel que le peignent les préjugés que nous
avons cherché à détruire serait la doublure du caniche, et la
nature ne fait pas de pléonasme.*

On a vu avec quel ménagement je combats les opinions
d'Albert Cler; j'espère ne jamais m'écarter du respect que
l'on doit à des convictions basées sur l'étude. Les mœurs des
chevaux et des cavaliers, l'organisation physique de ces deux
êtres, tout est passé en revue avec le coup d'œil d'un professeur. Dans ce chapitre, *le cheval sera désormais une vérité,*

le sujet exigeait peut-être plus de développement, mais chacun des mots qu'il renferme présente un sens clair et précis. L'auteur termine ses conseils par cette maxime : *Le tort est toujours du côté du cavalier*, vérité qui appartient à un grand nombre d'écuyers anciens. Sous le règne de Jacques Ier, roi d'Angleterre, le marquis de Newcastle, entre autres, disait à ses élèves : *Ce n'est pas le cheval qui a tort, c'est le cavalier qui est la plus grande bête des deux!*

Cette maxime devrait être affichée en gros caractères dans les promenades, dans les manéges, au coin des rues, sur les routes : elle est rigoureusement vraie. « Car si le cheval n'o- « béit pas, ajoute Cler, c'est que l'homme chargé de le diriger « n'a point employé les moyens convenables pour obtenir « l'obéissance, ou le plus souvent même a usé de moyens « directement contraires. Si l'on réglait et balançait équita- « blement les comptes entre les deux parties, quelle effrayante « restitution de saccades, de coups d'éperon, de fouet, de « cravache, les chevaux n'auraient-ils pas à faire aux cava- « liers! »

Que ce paragraphe est admirable de vérité! je ne saurais trop le répéter. Ce livre, sous un titre frivole, cache des pensées profondes, un enseignement utile; je vais chercher à compléter la pensée de l'auteur.

J'entends dire sans cesse: ce cheval est difficile; et cependant je vois une construction magnifique, un garrot ressorti, une encolure bien attachée et allongée, des épaules ouvertes et dégagées, des hanches saillantes, des bras larges, des jarrets larges, etc., etc. Je me retourne, et je vois à côté un cheval dont on me vante la douceur, le bon caractère; qui a un œil doux, sans expression, des oreilles longues et tombantes. Ajoutez que ses épaules sont chargées, son encolure courte, son garrot bas, ses reins creux, son arrière-main élevée, etc. Quel est des deux le cheval difficile?

Le premier, impatient et colère, brise tout, jette son cavalier par-dessus ses oreilles.

Le second promène tranquillement le sien de la ville à la campagne, de la campagne à la ville.

Si j'adresse cette question à Albert Cler, il me répondra : Donnez-moi le premier : en huit jours il sera docile ; en un mois ses allures seront régulières ; en deux mois il sera dressé. Quant au second, je demande six mois pour l'équilibrer.

Le premier cheval, rempli de moyens, n'est difficile que parce qu'il tombe entre les mains d'un homme inhabile. Comment veut-on sans science parvenir à instruire un animal qui pèche, s'il m'est permis de parler ainsi, par trop de qualités? Ne faut-il pas régler ces qualités, les assembler, en faire un tout gracieux, souple et obéissant, au lieu de les contrarier à tort et à travers sans discernement?

Pensez que le cheval a ses sensations comme vous-même, et ne lui demandez pas des choses contraires à son organisation. Aussi l'animal se révolte : à la première chute du cavalier en succède une seconde. La colère s'empare de vous, vous le battez, vous le martyrisez ; il s'irrite de nouveau : une troisième chute succède aux deux premières, et souvent une quatrième.

C'est alors que le cavalier ouvre les yeux, non pour apprendre l'équitation, non pour donner son cheval à dresser à un écuyer, mais pour le maudire et le vendre moitié de sa valeur.

Suivons toujours ce cheval.

S'il tombe entre les mains d'un homme habile, en peu de temps ce farouche animal se métamorphosera en un cheval de femme ; mais s'il retourne en des mains inexpérimentées, il recommence la lutte et devient ce que nous appelons *cheval rétif*.

L'est-il réellement et sans remède ?

Non, sans doute. Un cheval arrivé à ce degré d'exaspération doit être recommencé entièrement. Il lui faut une éducation nouvelle, car le moral est entrepris, on doit le calmer avant de parler au physique ; c'est ici le triomphe des assouplissements raisonnés.

Le second cheval, facile même pour l'homme dépourvu de science, tant qu'il ne s'agit pour le cavalier que de se maintenir en selle, fera son service jusqu'à ce que ses aplombs lui manquant tout à fait, il tombe sur les genoux, se couronne, et finisse par être déclaré ruiné et vendu au marché aux chevaux, d'où il passe aux brancards des fiacres, des coucous et autres véhicules élégants.

Selon moi le second cheval est difficile; le premier ne présente de difficultés qu'à l'ignorant.

Pour me résumer, je pose en principe que l'écuyer seul peut se faire un ami du cheval fougueux rendu rétif par la brutalité. Hâtez-vous de le lui amener.

Une fois entre ses mains, la confiance de l'animal renaîtra avec les bons traitements, et les assouplissements raisonnés feront le reste. Au bout de deux mois vous serez étonné de voir le cheval parfaitement dressé.

Le second demande plus de temps, car son garrot est bas, son encolure courte, et, par contre, sa croupe élevée. Quel travail pour donner au devant plus d'élévation en faisant céder l'arrière-main! car il ne faut pas que ce soit au détriment des jarrets que l'avant-main grandisse en rapprochant l'arrière-main du centre. Remarquons ici que sans ce travail le devant se ruine journellement.

Voilà donc le cheval le plus difficile, et celui qu'on ne doit jamais acheter que comme étude. Quant à l'autre, je conçois que les gens du monde l'appellent difficile; mais pourquoi tentent-ils une éducation qu'ils ne peuvent faire?

Si vous ne savez pas utiliser les richesses d'une belle nature, laissez à des mains plus habiles que les vôtres le soin de donner à ces dispositions naturelles le jeu et l'élasticité qui leur sont nécessaires.

Cela dit, passons à d'autres vérités.

Jadis le cavalier venait au monde botté et éperonné. Alexandre Dumas nous apprend comment, sous Louis XIV, le chevalier Roger d'Anguilhem, élève de l'abbé Dubuquoi, et amoureux de mademoiselle de Beuzerie, enfourcha un pur sang pour la première fois. Je recommande ce passage aux amis de la science hippique, et principalement à Albert Cler, qui serait heureux de contribuer à mettre toute la littérature à cheval.

J'ai rencontré page **23** de *la Comédie à cheval*, l'illustre voyageur partant après la réimpression des Impressions de ses Impressions de voyage. Je suis très-satisfait de la position académique que Giraud lui donne. Les jambes sont en

arrière et les genoux en avant. On voit que les littérateurs sont
des hommes de progrès et s'emparent avec enthousiasme
des bonnes innovations. C'est une épigramme contre nos fashionables du bois de Boulogne qui ont adopté « comme le
« *nec plus ultrà* de la grâce et de l'élégance à cheval une te-
« nue assez semblable à celle d'un ⟩ couché. » Mais la leçon
sera-t-elle comprise ?

J'abandonne l'auteur des Impressions qu'on rencontre souvent, mais jamais trop, et j'arrive à l'examen de l'âge convenable pour apprendre à monter à cheval.

Il était convenu qu'anciennement tout amoureux devait connaître la passade, la pesade, la croupade, la ballotade, la cabriole, etc. Bref, nous dit l'auteur, lorsqu'on voyait un page ou un jeune baron apprendre avec une infatigable ardeur à monter à cheval, on pouvait presque dire qu'il était amoureux.

Ce temps n'existe plus, et on a vu, page **21** de *la Comédie à cheval*, ce qu'il en coûtait pour être ignorant dans la science équestre.

L'étude de l'équitation était considérée jadis comme un exercice salutaire à la santé, et un délassement indispensable aux hommes politiques. Aussi voyait-on des ministres parfaitement en selle, politiquement et équestrement parlant : demandez à Sully.

La question du cheval, considérée sous le rapport politique, est tellement grave, que je me garderai bien de l'aborder en riant, et même je la réserve pour la seconde partie de mon ouvrage sur l'équitation et les haras. Je me contenterai ici de dire avec Albert Cler que l'influence politique du cheval date de fort loin.

A ce sujet et comme preuve, l'auteur nous rappelle l'histoire de Darius, fils d'Hystaspe, qui dut la couronne de Perse à son cheval favori. Mais un exemple aussi frappant de cette influence qu'exerçait le cheval sur la destinée des peuples anciens, c'est ce que nous apprend Tacite dans son livre des *Mœurs des Germains*, en parlant du respect que ces peuples avaient pour leurs chevaux : « *Proprium gentis equorum quoque præsagia ac monitus experiri publici, etc., etc.,* » ce qui veut dire qu'on observait les chevaux pour en tirer des présages. « On nourrit, dit-il, aux frais de la cité dans les « forêts religieuses des chevaux entièrement blancs qu'on se « garde bien d'assujettir à aucun service profane. Quand ils « sont attelés au char sacré, le prêtre et le roi, ou le chef du « canton, les accompagnent, en étudiant leurs hennissements « et frémissements. Il n'y a pas d'auspice plus accrédité, non-« seulement dans le peuple, mais chez les grands et chez les « prêtres. Ces derniers ne se croient que les ministres de la « Divinité; ils regardent les chevaux comme ses confidents. »

Dans un traité fort intéressant des Courses au trot, par M. Eph. Houel, directeur du dépôt de Langonnet, je lis :

« Charlemagne, la grande figure du moyen âge, la person-« nification la plus juste de cette époque tout à la fois guer-« rière et civilisatrice, faisait du soin des chevaux une « occupation royale. Il pensait que l'œil qui gouvernait un « empire n'était pas trop clairvoyant pour embrasser les per-« fections d'un cheval. »

On trouve dans ses Capitulaires l'article suivant :

Les intendants du domaine sont tenus d'amener au palais où Charlemagne se trouvera le jour de la Saint-Martin d'hiver, tous les poulains de quelque âge qu'ils soient, afin que l'empereur après avoir entendu la messe, les passe en revue.

Quel sujet de réflexions pour les hommes des haras et de la guerre !

Du cheval comme moyen d'entretenir l'amitié.

C'était un usage établi en Thessalie que « les jeunes fian-
« cés offraient en place de corbeille un cheval comme pré-
« sent de noces. »

Plus tard le bon roi Henri IV, qui se connaissait en toutes
choses galantes, faisait venir de ses haras du Berri des chevaux qu'il envoyait en présent à la reine d'Angleterre.

Cependant si l'auteur admet ces témoignages d'amitié entre particuliers, il n'en veut pas entre gouvernements. Il se souvient des étalons envoyés en 1837 par Abd-el-Kader.

Timéo Danaos, et dona ferentes.

A propos, que pense Albert Cler du dernier envoi de Méhémet-Ali en reconnaissance des *services immenses* que nous lui avons rendus?

De l'anglomanie en général et de l'anglomanie
en équitation.

« L'anglomanie a importé chez nous le mot sport, et il
« n'est pas un de nos jeunes gens à la mode qui ne tienne à
« honneur d'être qualifié du titre de sportsman. »

Personne n'est plus disposé que moi à féliciter tous ceux
qui reprocheront et prouveront aux Français qu'il n'y a aucun profit pour eux à copier en tout et pour tout les habitants
d'outre-Manche. Je sais que si nous possédons à Paris le travers de singer nos voisins, la fashion française peut se vanter
de donner la mode aux Anglais en la personne du comte
d'Orsay. C'est toujours une compensation, mais pour un fait

exceptionnel , pour un avantage qui disparaîtra avec notre compatriote, en revanche, que de modes ridicules et odieuses qui tendent à démoraliser le goût et le bon ton !

Anciennement un homme saluait en ôtant son chapeau , c'était le moins, et en se courbant respectueusement, c'était le plus. Je connais des sportsmen qui se contentent aujourd'hui d'envoyer de la main un petit salut de bon prince.

On voit que nos voisins nous font faire des progrès, et que le droit de visite ne s'étend pas seulement à nos vaisseaux, mais aussi à nos salons, en supposant que le sportsman ait la permission d'y entrer.

Mais ce qu'il faudrait imiter, c'est la supériorité du peuple anglais dans tout ce qui a rapport au cheval, les courses, l'agriculture, etc., etc. Voici un fait dont j'ai été témoin :

Aux courses d'Epsom, pour le Derby, vingt-sept chevaux étaient sur l'hippodrome, et le signal allait être donné, lorsque le jockey montant Blomsbury se trompa et partit. Sa course fut de cinq cents pas environ avant qu'il pût arrêter le cheval et reprendre son rang.

Par une fatalité semblable à la première, le jockey de Blomsbury fit la même faute une seconde fois ; mais ce fut au milieu des huées du peuple : il se mit alors le dernier de tous les coureurs.

Le signal est donné, les coursiers s'élancent sur l'hippodrome, et la rapidité de la flèche ne pourrait égaler celle de ces intrépides chevaux, tant leur puissance musculaire est grande, tant les leviers de ces corps sont allongés et admirablement attachés.

Cependant ces vingt-sept chevaux se suivent de très-près :

Blomsbury, seul, cinq pas en avant, paraît courir pour son
compte, semblable à un déserteur que poursuit un escadron
de cavalerie ; bientôt ils arrivent au but dans cet ordre.

Ce fut alors qu'on vit l'effet électrique du sentiment pas-
sionné qui animait cette multitude.

On se pressa autour du vainqueur que tout à l'heure on
venait de siffler ; on chercha à enlever l'homme et le cheval
pour les porter en triomphe.

En France, quand on se presse autour d'un cavalier, c'est
ordinairement pour le relever et le porter à l'hôpital.

Je me hâtai après la course de m'approcher de ces admirables athlètes qui venaient de faire preuve d'une si grande vigueur.

Je vis alors des chevaux dont la colonne vertébrale, à partir du bas du garrot jusqu'aux os des îles, était presque droite, courbée seulement à son extrémité ; conformation qui permet à l'impulsion donnée par les forces de l'arrière-main de suivre une direction horizontale au sol. *Le passage des forces*, comme l'entend l'école moderne, s'opère sans obstacle, puisqu'un rein creux ne vient pas briser l'impulsion donnée par l'arrière-main.

Le garrot de ces chevaux était très-élevé, ce qui explique l'étendue des mouvements de l'avant-main. Les hanches étaient saillantes ; les jarrets étaient presque droits, mais larges, ce qui donnait au ressort d'impulsion la facilité de projeter la masse horizontalement au sol. Plus le jarret est coudé, moins il y a vitesse chez le cheval, les forces ont une direction plus enlevée du sol.

Je portai mon examen sur les naseaux ouverts et fumants, sur la poitrine large et haute, les yeux vifs et jetant le feu, les oreilles droites et effilées; en un mot j'admirai ces modèles de vitesse, dans lesquels l'étendue des mouvements était en rapport avec la grande longueur des rayons osseux, la longueur et le volume des muscles qui déterminent le plus ou moins d'extension.

L'étude du cheval nous présente chez tous les individus les mêmes os, les mêmes muscles et les mêmes mouvements, suivant le point d'attache et la direction de ces os, qui sont les leviers; les mouvements de ces leviers peuvent être plus ou moins étendus ou bornés comparativement à d'autres, et si l'on compare le cheval anglais aux autres chevaux, on verra que le premier a dans le jeu de ses leviers des mouvements plus étendus qui doivent nécessairement lui donner une plus grande vitesse.

Tout homme qui veut se rendre compte du génie hippique de la nation anglaise, doit l'étudier à Epsom, à Newmarket, etc., etc., et chez les agriculteurs.

Là il verra que l'Anglais crée à volonté un cheval de course, de chasse, de promenade, comme il produit à volonté un bœuf, une vache ou un mouton pour la boucherie, un bouledogue ou un coq pour le combat.

L'auteur de la Comédie à cheval cite le nom des écuyers qui ont écrit depuis une douzaine d'années. J'avais l'intention de donner dès à présent une biographie des hommes dévoués à la science équestre, mais je n'ai pas encore entre les mains toutes les notes qui me sont promises. Je ne puis connaître ce qu'il y a de beau dans la vie de certains hommes dont la modestie a toujours su voiler les actions les plus méritoires. Il y aurait un volume à faire sur la vie de dévouement des meilleurs écuyers de l'époque: je prends pour exemple MM. Charette de Boisfoucault, Cordier, Rousselet, Saint-

Ange, Charles Pellier, Kautzmann, Aubert, Jules Pellier, Larive, etc., etc. Quelques-uns de ces messieurs n'ont pas cru devoir engager leur nom dans les polémiques équestres ; je leur en fais mon sincère compliment. Il est rare qu'un homme d'un véritable talent s'effraye des succès des autres, et qu'il voie d'un œil jaloux les progrès de la science. Je citerai pour exemple mon maître, le vicomte O'Hégerty, qui a compris que son nom était trop célèbre pour craindre des comparaisons, et qui a laissé les écuyers se débattre entre eux, abandonnant au public le soin de juger ; et le public a déclaré hautement que la science équestre était assez compliquée pour que la supériorité de l'un sur un point n'éclipsât pas le mérite de l'autre, et que la réunion des diverses qualités constituerait seules l'écuyer complet.

M. le vicomte d'Aure, au contraire, a pensé qu'une juste célébrité lui imposait le devoir de prendre la plume.

Mais quelle que soit l'issue de ce combat, le nom de M. d'Aure fera toujours bondir de joie le jeune dandy sur son cheval : d'Aure, nom magique pour tout cavalier, qui rappelle aussitôt l'idée de grâce, de solidité, de décision, de hardiesse, et qui résume en lui la véritable équitation de l'homme du monde. Ces qualités brillantes M. d'Aure a su les réunir toutes dans l'un de ses élèves, le vicomte de Tournon, un des plus intrépides écuyers fashionables de notre époque.

Triste actualité.

De tout temps le Cirque a été considéré comme un endroit réservé aux voltigeurs et autres maîtres d'exercices de force, de légèreté, d'élégance ; cependant des hommes d'un mérite généralement reconnu, MM. Franconi, chaussaient de temps à autre la botte à l'écuyère, puis, la gaule dans la main droite, ils réveillaient dans l'âme engourdie des spectateurs un sentiment favorable à l'équitation, et bientôt, profitant de ce réveil, ils faisaient pirouetter légèrement leurs chevaux, ils les faisaient changer de pied du tact au tact, exécuter la courbette, enfin ils montraient aux yeux étonnés de la foule *la puissance de l'écuyer sur le cheval.*

Des bravos accueillaient ces maîtres, et personne ne le trouvait étrange.

Dans ce temps de justice, les écuyers d'une académie nationale, connue sous le nom d'école de Versailles, faisaient aussi caracoler des chevaux, et le célèbre d'Absac et ses collègues, MM. Charette de Boisfoucault, de Goursac, etc., exécutaient avec facilité tout ce qui attirait à MM. Franconi les éloges et les bravos.

A cette époque Versailles venait en aide à l'armée et fournissait annuellement, avec l'école de Saumur, cent jeunes officiers. Qui eût pensé que plus tard ce serait au Cirque qu'un talent contesté par quelques-uns, mais cependant incontestable, irait chercher la célébrité et les applaudissements?

C'est donc au Cirque qu'un homme de talent a cru devoir conquérir son diplôme de capacité, et cette demeure sera désormais la sienne, si le gouvernement se trouve trop pauvre pour lutter de munificence avec M. Dejean. A-t-on réfléchi aux conséquences de la marche qu'on prendra? L'avenir équestre est entre les mains des ministres. D'une science véritable, ils peuvent faire un art semblable à la danse ; d'une science raisonnée, un exercice, *et arrêter dans leurs travaux* ceux que le dévouement pousse encore au travail.

Cours de médecine, d'équitation nouvelle,
de marche d'infanterie,
et plaidoiries en faveur d'ouvrages qu'on n'a pas lus,

LE TOUT MIS A LA PORTÉE DES CAVALIERS PAR UN MÉDECIN MALGRÉ LUI.

Dans une brochure de M. de Fitte, écuyer, je lis ce passage : « M. le comte Savary de Lancosme-Brèves a publié
« la première partie d'un ouvrage intitulé : *De l'Équitation et
« des Haras.* Dans ce traité, fruit d'études sérieuses et bien
« méritoires, l'auteur propage les nouvelles doctrines et
« leur donne une nouvelle force en les appuyant sur de sa-
« vantes démonstrations anatomiques. C'est sans doute à ce
« profond savoir qu'il doit d'avoir été censuré par un médecin
« de la Faculté de Paris. Nous nous sommes abstenus de

« répondre à cette critique, laissant à M. de Brèves le soin
« de la réfuter. »

Je dirai à M. de Fitte que si l'auteur de la brochure
qui m'attaque était écuyer, ou même homme de cheval,
je n'aurais pas attendu cette invitation pour prendre la
plume ; et si, malgré la résolution bien arrêtée chez moi
d'éviter toute polémique, M. le docteur en médecine n'avait
aucune prétention à la science, et qu'il se posât en médecin
désireux d'étendre ses connaissances par l'étude de questions
intéressantes pour tout le monde, oh ! alors je m'empresserais
de répondre à ses observations. Mais la simple lecture de
cet écrit m'a prouvé qu'il y avait chez l'auteur des prétentions très-grandes, peu justifiées ; car il ignore les principes
élémentaires de l'équitation. J'ajouterai que, ne voulant pas
lui supposer la ferme résolution de me faire dire ce que je
n'ai pas dit, j'aime mieux croire qu'il pas lu attentivement
l'ouvrage qu'il attaque.

En effet, prenons quelques chapitres au hasard.

L'auteur cherche à prouver que j'ignore ce qu'on entend
par instinct, et pour arriver à ce but, il écrit deux pages qui
semblent, par le sens que j'y ai trouvé, *avoir été copiées entièrement dans mon ouvrage* ; à l'exception cependant qu'en
sa qualité de docteur en médecine, l'auteur de la brochure
cite des exemples tirés de la pratique de son art. Ainsi il dit :
« Un chien qui mange du chiendent *pour se purger*, le fait par
« instinct sans raisonner ce qu'il fait. »

« L'estomac se soulève contre une matière putride, et
« s'ouvre au contraire avec appétit pour un aliment dont la

« vue ou l'odeur excite la sécrétion des glandes salivaires. »

Après ce cours de médecine, qui ne prouve qu'une seule chose, c'est que le chien qui veut se purger mange du chiendent et que l'estomac se soulève dans certaines occasions et sous l'influence de certaines odeurs, l'auteur de la brochure passe à *un cours d'équitation nouvelle*, et il s'efforce de me prouver que la première leçon (s'enlever sur les poignets en prenant une poignée de crin) « est la plus importante et plus « difficile à donner qu'une leçon de haute école, bien qu'elle « fasse moins briller celui qui la donne. »

M. le docteur en médecine a été choqué de ce que j'ai eu le malheur de mettre dans mon ouvrage : « Un piqueur sera chargé d'apprendre à l'élève la manière de monter et de descendre lestement de cheval en s'enlevant sur les poignets. » Selon l'auteur, il faudra dorénavant un écuyer de la force de M. d'Aure ou de M. O'Hégerty pour apprendre à l'élève la manière de monter et de descendre lestement de cheval en s'enlevant sur les poignets.

L'auteur garde pour lui cette leçon purement gymnastique ; il a peut-être, pour borner là ses prétentions professorales, des raisons que par politesse nous ne chercherons pas à approfondir.

Plus loin l'auteur se trompe dans la lecture de mon ouvrage, et il lit ces mots : « C'est par l'extension des membres antérieurs que le centre de gravité avance. » Tandis que j'ai mis en bonnes et grosses lettres que c'est par l'extension *des membres postérieurs primitivement fléchis*.

Je ferai grâce au lecteur de tout ce que M. le docteur en

médecine se croit en droit de dire, chaque fois qu'il prend dans mon ouvrage un mot pour un autre, heureux qu'il est de se créer des occasions de déployer l'étendue de ses vastes connaissances. Dans cette réfutation *d'un fait qui n'existe pas*, il termine par un exemple pris dans l'infanterie, et nous prouve qu'au besoin il commanderait quatre hommes et un caporal. On dit à un fantassin : « Avancez le haut du corps, « car sans cette projection en avant de la masse chaque pied « retomberait toujours au même endroit, et au lieu d'avan- « cer le soldat marquerait le pas. » Cela explique, il est vrai, la marche du fantassin, mais ne justifie nullement l'auteur d'avoir mal lu. Nous joindrons cette heureuse démonstration à celles ci-dessus citées, *du chien purgé par le chiendent et de l'estomac qui se soulève*, et nous ferons nos remerciments à l'auteur qui veut bien nous initier aux secrets de la marche du fantassin et au sentiment qui pousse le chien à se pur- ger, etc.

Ce que l'auteur de la brochure ajoute au sujet du centre de gravité du cheval et de celui du cavalier a lieu de m'é- tonner de la part d'un homme si profondément instruit de la position à donner au centre de gravité du fantassin pour que celui-ci avance. Il ne comprend même pas la marche du centre de gravité entre le cheval et le cavalier. Il ne com- prend pas non plus que l'avant-main et l'arrière-main, divisant le corps du cheval en deux parties, l'impulsion provenant des parties musculeuses de l'avant-main et de l'arrière-main constitue les forces du cheval.

Ceci peut paraître étrange, c'est pourtant exact, et je

renvoie les lecteurs à la brochure du docteur en médecine.

Mais voici qui est encore plus curieux.

Mon adversaire, à propos d'un éloge que je fais de M. Cordier, s'écrie : *Je n'ai pas lu le traité de M. Cordier, mais je suis sûr qu'il n'a jamais rien dit d'aussi mauvais que la définition du rassembler.* Il y a ici au moins de la bonne foi chez l'auteur de la brochure, car il avoue franchement qu'il ne connaît pas un mot de l'ouvrage dont il s'est constitué le panégyriste.

La phrase que j'ai citée de M. Cordier résume un éloge et un regret, voilà tout : un éloge en ce que je lui attribue un principe que je n'ai vu nulle part dans les auteurs anciens : l'action de faire précéder les jambes dans le rassembler; et un regret de n'avoir pas trouvé dans cet ouvrage, *que j'ai lu, moi*, une explication complète.

Après cette défense concluante de M. Cordier, l'auteur passe à des questions toutes scientifiques ; ainsi il veut que quand un cheval tourne à droite ou à gauche, que le cheval tourne toujours sur les épaules; il ne connaît qu'un seul mouvement (la cabriole) dans lequel le cheval prenne des points d'appui sur les reins; il n'a jamais su sans doute cette vérité connue de tous les cavaliers, à savoir, que le rachis (colonne vertébrale) est un grand levier plus ou moins flexible selon ses régions, mais partout très-solide, et sur lequel, chose importante à constater, l'animal prend son point d'appui dans tous les grands mouvements qu'il exécute.

Mais à quoi bon parler science ? Attendons, pour aborder

les questions scientifiques, que de véritables écuyers combat-
tent les principes que j'ai posés. L'attaque de M. le docteur
en médecine n'est qu'une mystification à laquelle on ne doit
pas répondre. Le public ne peut se tromper sur le mérite
de l'écrivain médico-équestre qui nous décrit si bien en
nous attaquant ses impressions de voyage dans la nouvelle
science qu'il parcourt. Mais suffit-il, pour prendre le titre
d'écuyer, de quelques mille francs qui vous donnent un
manége? et doit-on exploiter l'équitation comme un autre
exploiterait l'eau de Cologne de Jean-Marie Farina, après avoir
acheté le fonds de boutique du fils ou du neveu du grand
homme? Aussi j'ai hâte de terminer.

L'auteur de la brochure, après avoir *défendu* M. Cordier
contre les *éloges* que j'adressais à cet écuyer, croit devoir
prendre également la défense de M. de Chabannes. On sait avec
quel respect et en quels termes j'ai toujours parlé dans mon
livre de cette célébrité équestre. La défense de cet homme
supérieur par l'auteur de la brochure est aussi plaisante que
celle de M. Cordier.

M. le docteur en médecine dit que M. de Chabannes a pu
ne *pas expliquer le rassembler dans son livre* (ce qui rend assurément son ouvrage très-utile à ceux qui veulent s'instruire sur
le rassembler) *et l'expliquer à ses élèves.* Pourquoi écrire alors,
si on ne donne pas dans ses écrits les démonstrations les plus
utiles à la science équestre?

Si M. de Chabannes revenait au monde, il dirait à l'auteur
de la brochure en question : Faites de la médecine, monsieur,
mais ne faites pas d'équitation, et surtout ne vous chargez

pas de me défendre contre des adversaires qui, sachant apprécier l'étendue de mon savoir équestre, m'ont décerné des éloges motivés.

Quant à moi, je lui donnerai un conseil : celui de ne pas faire dire aux gens ce qu'ils n'ont pas dit. Il est facile de réfuter des arguments qui n'existent pas. Si M. le docteur n'est pas de première force en équitation, je ne doute pas qu'il ne soit très-fort en médecine.

Aussi peut-on excuser un médecin, fût-il même homme d'esprit, d'ignorer la science équestre.

Je demande maintenant à M. de Fitte si je dois répondre sérieusement à l'auteur de la brochure : je ne le pense pas, et je termine, m'étant déjà trop étendu sur ce sujet.

J'ai lu attentivement l'écrit que M. de Fitte a publié en faveur des nouvelles doctrines, et j'ai été frappé des bons sentiments qui l'ont engagé à prendre la plume. Même en ne partageant pas toutes ses opinions, on devra toujours reconnaître que sa brochure émane d'un homme de conscience et de talent.

Équitation des dames, par M. Aubert.

Équitation des dames, par M. A. Aubert, tel est le titre de l'ouvrage dont nous allons présenter une analyse rapide ; car
traiter à fond le travail de M. Aubert, ce serait réveiller tout
un monde équestre, et nous engager dans une œuvre qui
remplirait à elle seule les colonnes de vingt journaux pendant
les douze mois de l'année, tant la vie équestre de l'auteur
rappelle de souvenirs, tant les noms des d'Auvergne, Chabannes, d'Absac, Pellier, etc., etc., se rattachent à tout ce
qui est éminemment école française dans toute sa pureté. On

voit qu'il y aurait beaucoup trop à dire à une époque où l'école de Versailles est détruite, l'école de Saumur incomplète dans son organisation équestre, et l'école d'état-major instruite au rabais. Sans doute le lecteur doit s'attendre à trouver dans ce livre un intérêt majeur et une instruction utile. Qu'y a-t-il, en effet, de plus important pour l'homme de cheval et l'écuyer surtout, que l'assurance de pouvoir faire partager aux femmes, sans danger pour elles, le plus noble des exercices?

Deux considérations graves nous donnent en ce moment une confiance que nous n'avons pas toujours eue. Dernièrement, quand *l'intérêt de la science et une amitié dévouée* dictaient à notre plume des éloges que le public n'accueillait pas encore, nous n'avons pas craint de heurter certaines opinions, de froisser certains amours-propres, et nous pouvons nous glorifier aujourd'hui d'avoir contribué puissamment à faire comprendre le mérite d'un écuyer que des sommités militaires et des gens éclairés refusaient de reconnaître. Notre succès ne s'est pas arrêté là : nous pouvons dire que la science est mieux comprise depuis quelques mois. Ayons foi dans un avenir meilleur pour l'équitation, et redoublons de zèle.

Nous nous sentons forts et rassurés dans la tâche que nous entreprenons : nous sommes soutenus par la conscience de l'écrivain dont nous analysons l'ouvrage, et par sa grande pratique dans la science qu'il expose. J'ai dû faire ces observations pour ceux qui ne connaissent pas intimement l'auteur d'un livre que les mères achèteront pour leurs filles et que les jeunes gens feront bien de consulter pour eux-mêmes, car il les rendra plus prudents, et j'oserai dire quelquefois plus convenables. Si l'on veut mettre à part les hommes spéciaux, on verra que le sceptre de l'équitation appartient aujourd'hui aux femmes. Je l'ai dit et je le répète. Mais cette supériorité ne saurait leur faire négliger les conseils de l'homme habile qui dirige leur instruction. Une femme est si incomplétement à l'aise sur un cheval, qu'il faut qu'elle cherche dans l'étude tout ce qui peut remplacer ce qui lui manque, et c'est ce que M. Aubert a compris parfaitement dans l'ouvrage intitulé : *Équitation des dames*.

L'auteur entre en matière par une introduction qu'on trouverait peut-être longue si l'on comptait les pages (il y en a quarante), mais qui paraîtra courte à ceux qui sauront apprécier le charme des sentiments de délicatesse, de tact, de finesse qui se révèlent à chaque ligne de cet exposé.

L'écuyer écrivain fait un tableau historique de la manière

dont les dames s'équipaient jadis pour monter à cheval, depuis le temps où elles montaient le genet d'Espagne jusques à celui de l'infortunée reine Marie-Antoinette, montant le fameux Argentin.

Il nous dépeint le goût prononcé pour l'équitation de madame la duchesse de Luynes et de madame la maréchale de Duras, et leurs succès dans ce brillant exercice.

La reine Marie-Antoinette et sa sœur, madame Élisabeth, avaient eu aussi un goût tout particulier pour l'équitation. Une preuve curieuse de la vogue que possédait alors *cet art passé désormais à l'état de science exacte*, est celle que rapporte M. Aubert.

La duchesse de Brionne, nous dit-il, après la mort de son mari le prince de Lambesc et pendant la minorité de son fils aîné, remplit la charge de grand écuyer : aujourd'hui nous n'avons personne à notre tête. Ne vaudrait-il pas mieux encore une belle et vertueuse duchesse de Brionne ! *Qu'y a-t-il, en effet, de plus déplorable qu'une science sans un chef qui la protége ?*

Les *écoles nationales* qui assuraient jadis à l'équitation une grande supériorité sur l'équitation étrangère, offraient une garantie aux amazones elles-mêmes. Un écuyer était responsable des accidents qui arrivaient pendant sa leçon. C'est qu'il est bien avéré que les chevaux bons et bien dressés, et un écuyer prudent, préservent généralement de tous les accidents. Aujourd'hui pareille confiance ne peut subsister, l'école nationale n'existe pas, celle de Versailles est supprimée, Paris possède dix manéges, dont les trois quarts ne font pas leurs frais. Que ne peut-on craindre pour la sûreté de l'amazone qui prend des leçons? l'écuyer donnera-t-il, sans nuire à ses intérêts, un cheval dont il puisse répondre? tels sont les regrets exprimés par l'auteur, et qui sont entièrement partagés par nous.

M. Aubert cite à cette occasion deux anciens professeurs dont il a suivi les cours, MM. Vincent et Guérin, chargés principalement d'enseigner l'équitation aux princesses et aux femmes du monde; il rend aussi un hommage mérité à l'un de ses professeurs, M. Pellier, dont il n'est pas un de nous qui ne révère et n'admire le talent.

L'auteur demande avant tout à ses élèves une belle et bonne position; il veut qu'on les fasse monter sur un certain nombre de chevaux de diverses natures, afin qu'elles s'habituent de bonne heure à comprendre et à sentir d'une manière raisonnée la différence des moyens particuliers à chaque cheval. En trente-six leçons, tant au manége qu'en promenade, il a reconnu qu'une femme, sans disposition trèsgrande, peut arriver à monter convenablement.

L'écuyer professeur parle à cette occasion de la nécessité de considérer l'équitation sous un point de vue élevé, et il dit à ce sujet : « Les bonnes leçons de manége sont indispen« sables, et l'équitation instinctive est une mauvaise plaisan« terie qui a déjà donné bien des regrets à ceux qui y ont « ajouté foi. »

Je suis heureux d'être d'accord avec un homme d'une si grande expérience : quand la pratique confirme les règles positives, c'est la meilleure preuve de la bonté des principes.

L'auteur ne cherche pas à cacher son sentiment de mépris

pour les parents qui exposent leurs enfants à des accidents continuels en les confiant à des jockeys inhabiles. Il cite à ce sujet plusieurs exemples.

Son indignation et son chagrin ne s'arrêtent pas à des observations puériles ; il demande pourquoi le nom d'écuyer est sans cesse profané par des hommes qu'aucun titre dans la science n'autorise à le porter. « Ce nom d'écuyer, s'écrie- « t-il, qui rappelle un titre d'antique noblesse d'épée, a dû « paraître très-peu respectable et même assez ridicule aux « yeux des générations nouvelles qui l'entendent donner in- « distinctement à des bateleurs et à des gens qui ont quitté « leur métier pour se faire *professeurs d'équitation pour les* « *deux sexes.* » Aussi ajoute-t-il plus loin : « On confond sou- « vent le nom d'*écuyer* et de *maquignon.* »

Ceux qui ont lu mon ouvrage[1] connaissent mon opinion tout entière. Je joins mes vœux à ceux de M. Aubert, et je désire que l'injustice dont les hommes équestres sont victimes cesse au plus tôt.

Le système industriel tue l'équitation ; l'auteur fait à ce sujet un récit très-piquant et très-vrai de la tenue de ces amazones qui se confient à certains industriels dont la science, aux yeux de l'homme scientifique, est nulle, et qui n'ont aucune des qualités nécessaires au cavalier de l'amazone.

M. Aubert n'approuve pas les écuyers qui négligent de donner aux femmes des leçons suivies et raisonnées, de peur de les ennuyer, et qui craignent d'effrayer leurs écolières par

---

[1] *De l'Équitation et des haras.*

des explications franches sur le danger qu'elles courent d'être
jetées par terre. Selon eux, une chute est impossible. Cependant les femmes doivent connaître le péril, afin de pouvoir
l'éviter. M. Aubert me permettra de rappeler ici mes propres
paroles, que je me félicite de voir appuyer par un témoignage
aussi respectable que le sien : « Il n'y a pas de science sans
« théorie préalable, mais toute théorie se modifie en passant
« par la pratique; l'expérience apprend, non pas à nier le
« danger, mais à le signaler et à tenir toujours en éveil la
« pensée qui doit l'éviter. »

On ne saurait trop louer l'auteur de l'esprit d'observation
qui anime toutes ses recommandations ; aussi, en disant aux
mères, achetez pour vos filles le livre de M. Aubert, je leur
mets un bon guide équestre entre les mains ; elles y trouveront encore un avantage, celui de savoir distinguer le mérite
de leur cavalier et de pouvoir mesurer le degré de confiance
qu'elles doivent lui accorder. Quant aux jeunes gens, le juste
amour-propre qu'ils ressentiront en reconnaissant qu'ils se
sont mis en état de veiller sur la sûreté de l'amazone qu'ils
accompagnent, doit leur faire acheter ce livre.

L'auteur demande une école royale d'équitation digne de
servir de modèle aux autres; toutes les raisons qu'il donne
sont connues du pouvoir ; elles ont été si souvent développées qu'il est impossible que le gouvernement ne finisse pas
un jour par se rendre aux vœux de tous les militaires, de tous
les éleveurs et de tous les propriétaires. M. Aubert comprenant ce qu'il y a de beau dans une pareille institution, concourt de tous ses efforts à en démontrer la nécessité.

Nous allons passer maintenant à l'examen succinct de l'ouvrage.

Les premiers chapitres sont consacrés à la leçon du montoir : monter et descendre; puis à la leçon de pied ferme ou sur place, à la nécessité d'une belle position. L'auteur fait à ce sujet des observations très-judicieuses relatives à la position des femmes à cheval, comparée à celle des hommes, etc. Il passe ensuite à son système particulier d'enseignement, et renvoie ses lecteurs à son Traité d'équitation, qui a paru en 1836, et dans lequel il a développé son système.

Ici, je me permettrai de dire que si les principes que M. Aubert professe ne sont pas tous admis par moi, il n'en est pas moins vrai que l'homme d'expérience dont j'analyse l'ouvrage possède des armes puissantes contre l'école moderne, dont j'ai *tracé les principes positifs*; mais je dois ajouter qu'un tel avantage n'est que momentané.

L'école moderne ne sera comprise que quand une école nationale sera établie par le gouvernement, et qu'on n'aura pas à la juger d'après des professeurs encore incomplets, ou des élèves qui n'appartiennent, pour l'honneur de la science équestre, à aucune école.

Après son système d'enseignement, l'auteur passe aux leçons élémentaires, le pas et le petit trot. Il parle des reprises de manége, à la suite desquelles il consacre un chapitre qui a pour titre : *De la leçon du raisonnement.* Ce chapitre recommande de distinguer l'effet de la bride de celui du bridon. La première est un levier puissant, qui agit à la fois sur plusieurs vertèbres de l'encolure, et tend à entraîner, par conséquent, la masse de l'encolure sur les épaules, tandis que le second agit plus directement sur chacune des vertèbres de l'encolure. En un mot, il faut avoir soin de faire comprendre que la bride est un abaisseur, et le bridon un abaisseur et un releveur.

Après avoir consacré un chapitre à l'explication des allures du cheval, l'auteur s'étend longuement sur les contre-temps des chevaux ; il en donne les effets. Les contre-temps, suivant M. Aubert, sont amenés pas trois causes : la crainte, la douleur, la sensibilité. Aussi l'écuyer professeur déplore-t-il l'ignorance des hommes de cheval qui, n'ayant aucune idée du mécanisme de l'animal, attribuent à sa méchanceté seulement les résistances engendrées par la souffrance. « Ces soi- « disant dresseurs de chevaux, s'écrie-t-il, brisent la bouche « et les jarrets pour donner des positions d'encolure et de « tête aussi disgracieuses que contraires à la nature. » Qui ne partagerait pas les idées de l'auteur ? On ne doit faire prendre une position quelconque au cheval qu'après l'assouplissement raisonné qui précède. La tête, selon nous, doit être perpendiculaire dans un travail de manége. La position de la tête varie *au-dehors suivant l'allure du cheval*.

Il faut louer les principes de sagesse contenus dans cet ouvrage ; les effets de force doivent être proscrits de toute bonne équitation.

L'animal est composé d'os qui sont articulés entre eux ; ces os forment des leviers auxquels sont attachées des cordes qui ne sont autres que les muscles. Ces derniers font jouer les leviers entre eux, et c'est alors que l'animal se meut ; mais pour arriver à faire jouer tous ces ressorts, la force doit être exclue, sans cela on ruine le cheval. Aussi, comme le dit l'auteur, ces *soi-disant écuyers sont cités par quelques anglomanes qui donnent le genre, comme preuve incontestable que l'équitation française ne convient pas aux chevaux de pur sang.*

Dans les douze chapitres qui suivent, M. Aubert examine les différents moyens de sentir le galop du cheval, et dit que les femmes sentent mieux et plus promptement leurs chevaux, que les hommes; puis il s'étend longuement sur le galop et sur tout ce qui s'y rattache.

Il serait trop long de suivre l'auteur dans tous ses raisonnements; le lecteur me saurait mauvais gré de lui ôter le plaisir de comprendre par lui-même ce qu'il y a de sage et de raisonné dans les conseils de l'écuyer professeur. Je terminerai seulement par deux recommandations qui m'ont le plus frappé.

Laissons parler M. Aubert :

« Il faut avoir la main légère; on ne doit jamais mettre de « force dans la main; la force de la main est inutile : plus « vous tirez les rênes, moins vous arrêtez votre cheval. » Et plus loin : « Ces recommandations ne disent pas qu'il ne faut « pas, dans certains cas, mettre de la force dans la main. »

Au premier coup d'œil, ces recommandations semblent opposées l'une à l'autre : mais quand l'auteur recommande une main légère, il ne veut pas dire que les doigts seront ouverts et les rênes faiblement tenues. Celles-ci doivent au contraire ne jamais glisser dans les doigts, et la main est mobile ou immobile, suivant les positions à donner, ou les oppositions à faire : dans ce dernier cas, la main doit présenter souvent une barrière infranchissable, c'est-à-dire que sa force augmente en raison de la résistance ; mais si celle-ci devient trop forte, la main doit céder momentanément pour reprendre ensuite. Dans ce cas, les rênes de la bride ou du bridon sont secondées par la jambe ou la cravache.

L'auteur dit à l'amazone dont le cheval s'emporterait : « Plus vous tirez sur les rênes, moins vous arrêtez votre cheval. » Il est bien positif qu'en tirant sur les rênes, si le cheval prend un galop trop allongé, on présente à l'animal, dans cette position, un point d'appui qui fixe encore davantage toute la masse sur l'avant-main. Quelle est la force qui pourra triompher d'un poids aussi considérable que toute la masse de l'animal se précipitant sur l'avant-main ?

L'amazone ne parviendra à arrêter son cheval qu'en interrompant la marche des forces de l'animal, en les divisant à droite et à gauche et les arrêtant graduellement.

M. Aubert recommande par-dessus tout à l'amazone de porter son corps en arrière. Je ne connais pas de recommandation plus judicieuse. Quand le cheval est au galop allongé, son centre de gravité est plus rapproché du garrot. Si pour arrêter le cheval, l'amazone ne portait pas son corps en arrière, elle aurait moins de force d'une part, et son centre de gravité tendrait encore à charger les épaules du cheval. De son côté, l'animal ne peut s'arrêter qu'en rejetant son centre de gravité en arrière : l'amazone doit donc prendre la position qui facilite au cheval le retour sur lui-même et qui lui permet à elle d'employer plus de force, sans compter les autres avantages que cette retraite de corps entraîne à sa suite.

On voit que l'auteur comprend parfaitement toutes ces questions, puisqu'il indique si bien aux amazones les moyens dont elles doivent faire usage.

Ici je m'arrête ; je laisse au lecteur le soin de juger lui-même l'ouvrage, bien convaincu qu'il en appréciera aussi tout le mérite.

En publiant le livre intitulé : *l'Équitation des dames*, M. Aubert a conquis un nouveau titre à la reconnaissance de tous les hommes hippiques. J'ai saisi avec empressement, *comme je le ferai toujours*, l'occasion de louer un homme de mérite éprouvé par de longs et utiles travaux.

Les lithographies qui ornent l'ouvrage sont de M. de Montpézat ; elles sont d'une composition heureuse, mais on remarque avec peine que la pierre lithographique n'a rendu qu'imparfaitement plusieurs dessins.

Nous souhaitons à M. de Montpézat de longues années d'étude, et c'est nous souhaiter à nous-mêmes la certitude d'ajouter le nom d'un grand artiste à ceux que nous possédons déjà.

Anatomie appliquée à l'équitation.

Il n'est pas absolument nécessaire de connaître le nom des muscles pour bien monter à cheval ; mais celui qui les connaîtra saura mieux ce qu'il fait.

Dans tous les cas, le cavalier doit posséder la connaissance de la marche des masses musculaires. Cette étude est simple, elle abrége le travail de plusieurs années en ce qu'elle enseigne, dès le commencement, la manière de se servir de la main et des jambes pour obtenir un mouvement quelconque.

Cette méthode d'enseignement a encore le double avantage d'apprendre au cavalier la connaissance exacte du cheval.

Cette connaissance, je ne crains pas de l'avancer ici, lui viendra sans effort d'imagination, chaque point difficile de la science se gravera dans son esprit avec ordre par le seul classement du travail que j'indique.

Il apprendra, 1° à monter à cheval ;

2° A connaître un cheval dans tous ses plus petits détails.

Nous voici en présence du squelette.

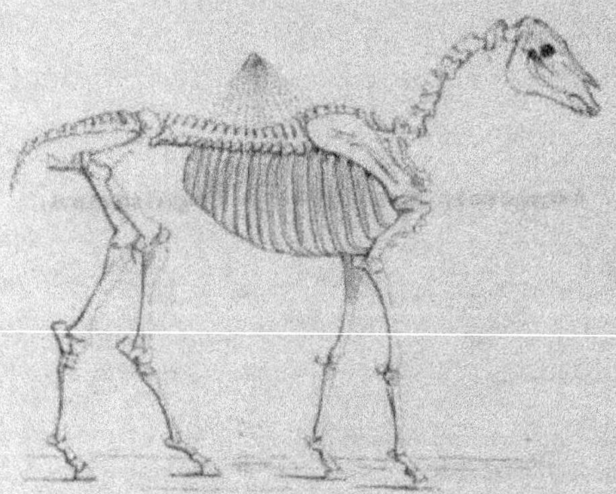

On commence par donner les mouvements de la colonne vertébrale, en parcourant chacune de ses divisions.

Région cervicale, région dorsale, région lombaire (reins) ; puis on parle des muscles supérieurs de l'encolure et des muscles inférieurs.

On explique les moyens de faire jouer les muscles à droite ou à gauche ou directement, de faire contracter les uns, et de soutenir ceux qui se relâchent.

On passe en revue les différents effets de la main et des

jambes, motivés sur le jeu des articulations et des muscles. On applique alors les règles invariables de la statique.

On explique au cavalier que les forces du cheval ont leur siége à l'arrière-main et à l'avant-main, qui représentent les différentes régions du corps de l'animal ; qu'elles sont en lutte perpétuelle, et que le mouvement de progression ou de rétroaction résulte de ce combat continuel. La différence des forces suit la direction du plus fort moteur qui entraîne la masse générale.

Il en résulte des explications entièrement mathématiques, et qui se coordonnent avec les règles de l'anatomie et de la myologie [1].

Il n'est pas essentiellement besoin de désigner les muscles par leur nom. On peut apprendre ces noms dans mon ouvrage comme dans tous ceux qui ont traité de l'anatomie. En un mot, il faut éviter de charger la mémoire de l'élève.

[1] Voir page 105, chapitre des forces du cheval (*De l'équitation et des haras*).

et ne désigner que le jeu des masses musculaires coopérant à l'exécution d'un même mouvement ou à l'exécution du mouvement opposé.

Il suffit d'un quart d'heure chaque jour et de vingt séances pour apprendre au cavalier ce qu'il doit savoir du mécanisme du cheval.

Lorsque les vingt premières leçons seront terminées, il sera bon de revenir sur ce qui aura été dit jusqu'à ce que le cavalier en soit bien pénétré, avant de passer à des leçons plus difficiles concernant l'ensemble des grands mouvements.

Ainsi, lorsqu'on est assuré que l'intelligence des cavaliers est assez éclairée, on passe aux applications difficiles, on attaque les muscles abdominaux, on parcourt les côtes qu'ils entourent, puis la masse intérieure des intestins, toujours disposée à se balancer dans l'abdomen, et qui joue un grand rôle dans le dressage, suivant l'équilibre du cheval.

Les muscles abdominaux rapprochant par leur contraction l'arrière-main de l'avant-main (le pubis du sternum), il faut expliquer alors que dans le rassembler les muscles supérieurs de l'encolure sont les *antagonistes des muscles abdominaux*, et qu'ils doivent se relâcher pendant la contraction de ces muscles, pour ne pas paralyser l'effet de ces derniers. Puis après il faut passer à d'autres détails donnant les points d'appui des masses musculaires dans chaque mouvement, afin d'arriver à ce qui concerne le galop, etc., etc.

Puis on explique comment, par une pression continue et raisonnée des jambes, l'encolure se ramène. Ces démonstrations présentent *une théorie complète et entièrement neuve*. Ce qui n'empêche pas de répéter en outre les observations faites deux mille fois par les écuyers, et que l'on trouve dans tous les auteurs anciens et modernes.

Afin qu'on ne puisse pas reprocher à l'écuyer de recommander des choses impossibles, il exécutera lui-même ce qu'il conseille, et devra choisir celles des applications qui nécessitent le plus de solidité, afin de fortifier le moral des élèves.

Maintenant voici ma profession de foi.

Je n'ai pas encore acquis le degré d'instruction qui m'est nécessaire pour atteindre le but que je me suis proposé, mais je travaille chaque jour afin d'épargner aux autres une tâche longue et pénible; et si je parviens à donner des explications satisfaisantes, je dirai même attrayantes, mon but sera rempli, car j'aurai conquis la seule récompense que j'ambitionne, l'espoir d'avoir été de quelque utilité au progrès d'une science à laquelle je me suis dévoué.

DEUXIÈME PARTIE.

Opinion de M. Rigot, du vicomte O'Hégerty,
du baron de Curnieu et de M. Baucher, sur l'ouvrage :
De l'équitation et des haras.

En livrant ce nouveau travail à la publicité, j'ai pensé que les lecteurs qui avaient adopté les doctrines que j'ai exposées dans mon premier volume *de l'Équitation et des Haras*, me sauraient gré de mettre sous leurs yeux l'opinion de juges éclairés et compétents ; ce sera aussi la meilleure réponse que je puisse faire à mes adversaires.

Voici le jugement porté par M. Rigot[1], habile professeur

[1] Auteur d'un traité complet d'anatomie, comprenant l'ostéologie, la myologie, la syndesmologie, la splanchnologie, l'angéiologie et la nevrologie.

d'Alfort, qui m'autorise à le publier dans l'intérêt de la science. Quelque temps après que mon livre eut paru, je le présentai à M. Renault, directeur de cet établissement royal, en le priant de le soumettre à un examen rigoureux ; ce fut alors qu'il me mit en rapport avec M. Rigot.

« Monsieur,

« J'ai lu avec un vrai plaisir, et, qui plus est, avec un vif
« intérêt, votre *Traité de l'Équitation et des Haras* dont vous
« avez eu la bonté de me faire hommage.

« L'équitation, monsieur, ne saurait être bien interprétée
« si on négligeait ce qui en est la base fondamentale ; c'est
« ce que vous me semblez avoir parfaitement compris : le
« cheval n'est qu'une machine, machine merveilleuse sans
« doute, et il est impossible d'en pénétrer le mécanisme si on
« ignore les rouages nombreux qui la composent, leur agen-
« cement, leur liaison, la puissance qui les meut, les dirige,
« les règle en quelque sorte, et ce qui peut en entraver l'exer-
« cice, en augmenter l'effet ou le rendre plus favorable.

« L'anatomie du cheval est donc, comme vous l'avez dit,
« indispensable à l'écuyer, non point à celui qui pratique
« pour ainsi dire *instinctivement* l'équitation, mais à celui qui
« la raisonne. La vie dans une machine ne change pas les
« conditions physiques nécessaires aux mouvements qu'elle
« est chargée de produire ; elle n'est, passez-moi l'expression,
« qu'une cause motrice intelligente dont l'essence est impé-

« nétrable ; mais les moyens qu'elle emploie pour agir peu-
« vent et doivent être connus : autrement, et pour l'équitation,
« le raisonnement n'est qu'une supposition hasardée, et la
« déduction même ingénieuse, qu'une conséquence contes-
« table, puisqu'elle ne s'appuie que sur le vague obscur des
« hypothèses.

« Votre travail, monsieur, est conçu dans un très-bon
« esprit ; vous avez demandé à l'anatomie ce que seule elle
« peut donner, la justesse dans les aperçus, la rigueur dans
« le jugement, la seule lumière enfin qui puisse éclairer le
« raisonnement physiologique et donner à l'équitation les
« principes certains qui doivent la constituer à l'état de
« *science positive*.

« En recevant mes félicitations bien sincères, agréez, mon-
« sieur, l'expression des sentiments d'affection de votre dé-
« voué serviteur.

« RIGOT. »

Après ce jugement je devais naturellement considérer
comme un point important pour la sanction de mon ouvrage l'opinion de l'école ancienne, et je m'adressai à mon
maître, M. le vicomte O'Hégerty, un des représentants de
l'école de Versailles, qui a bien voulu m'envoyer la lettre
suivante :

« Mon cher ami,

« J'ai lu attentivement votre livre, et j'ai vu avec un bon-

« heur bien réel que vous aviez mis en rapport entre elles
« les règles de l'équitation et les règles de la structure du
« cheval. Marchant ainsi dans une voie certaine, vous avez
« publié un ouvrage qui doit faire faire un pas immense à la
« science. Continuez, mon cher ami, et au milieu de vos
« travaux, conservez les bonnes traditions de nos anciens
« maîtres que je vous ai enseignées et qui vous seront tou-
« jours utiles dans la pratique.

« Tout à vous de cœur.

« Vᵗᵉ J. O'HÉGERTY. »

Un écuyer du monde et de manége, un écuyer dans son
haras et dans son cabinet, M. le baron de Curnieu, a exprimé
dans une analyse qu'il a faite de mon ouvrage l'opinion suivante :

« Jeune d'années et cependant presque vieux d'expérience,
« M. de Brèves a marché dans une route tout à fait à lui et
« dont lui seul avait jusqu'ici soupçonné l'existence.

« M. de Brèves divise l'étude de l'équitation en trois
« périodes :

« 1° Période toute de sentiment et de pratique ; en d'autres
« termes, moyen d'acquérir la solidité et de se mettre à
« même de pratiquer, grâce à une habitude et à une aisance
« suffisantes.

« 2° Connaissance du mécanisme du cheval, partie pure-
« ment théorique ;

« 3° Enfin, l'étude à la fois théorique et pratique des
« moyens de maîtriser et de diriger le mécanisme organique
« du cheval par les moyens qu'enseigne la science, et qu'un
« exercice suivi donne le tact d'employer.

« Cette classification lui appartient en propre, elle est tout
« à fait neuve, quant à son exposé. Il en est de même de la
« définition qu'il donne de la science :

« *L'équitation est la représentation des lois qui régissent*
« *la puissance musculaire du cheval :* définition satisfaisante
« même pour les hommes étrangers à l'art. »

Voici maintenant l'opinion que M. Baucher exprimait dans
une note de *la première édition* de son ouvrage, qu'il a bien
voulu m'envoyer.

« Au moment de mettre sous presse la dernière partie de
« mon livre, je reçois à l'instant même celui de M. le comte
« Savary de Lancosme-Brèves : ouvrage depuis longtemps
« attendu et ayant pour titre : *De l'Équitation et des Haras.* Je
« m'honore d'avoir eu l'auteur pour élève : comme profes-
« seur, j'ai vu avec satisfaction M. le comte de Brèves établir
« par de savantes preuves tirées d'une étude approfondie de
« l'hippiatrique, que mon système de dressage est le seul
« applicable à toute espèce de chevaux.

« Je me fais un vrai plaisir de recommander cet ouvrage à
« tous ceux qui s'occupent de l'art de l'équitation[1]. »

---

[1] Je puis joindre à ces témoignages celui de M. Gaussen, écuyer savant et consciencieux, élève des meilleurs professeurs de Paris, qui disait à M. le com-
mandant Roger, écuyer lui-même : « Le travail de M. de Brèves est sa création,
« et n'a aucun rapport avec celui des autres écuyers. » M. Gaussen m'a répété

Cet éloge prononcé par un écuyer qui a marché *dans une voie qu'il s'est tracée lui seul*, et qui, arrivé au but, reconnaît que je donne une base scientifique à ses travaux, ajoute une nouvelle force à la bonté de mon système.

J'accepte la part qui m'est faite par M. Baucher, et je l'en remercie sincèrement.

Le seul but que je me suis proposé en citant ces différentes opinions, est de prouver au monde équestre que je travaille avec l'espoir d'être utile.

Il est une vérité qui m'a toujours frappé, c'est qu'il n'existe pas d'écuyer capable d'enseigner la science équestre dans tout son ensemble, en un mot l'écuyer complet est à naître.

Pénétré de cette pensée depuis longtemps, non-seulement par la lecture des auteurs équestres, mais par l'essai que j'ai fait de tous les professeurs, j'ai dû demander au cheval lui-même la preuve des règles de l'équitation.

Ces principes une fois admis :

« L'équitation est la représentation des lois qui régissent « la puissance musculaire du cheval : trouvez le moyen de « faire jouer les muscles préposés au mouvement, et le « mouvement s'obtiendra. »

Et plus loin :

« L'équitation est une des sciences les plus positives qui « existent ; elle repose sur des règles mathématiques qu'on

plusieurs fois à moi-même ce jugement, que partagent tous ceux qui sont en état d'apprécier mon travail.

« n'est pas maître de changer, qu'il faut suivre de point en
« point, sous peine de s'égarer. »

J'ai dû mettre de côté livres et professeurs pour ne suivre
que la marche que je m'étais tracée.

Cette conduite n'a rien de blessant pour personne, car
j'admire le talent de mes anciens maîtres et de leurs collègues : mais j'entrevois dans l'avenir de la science des
hommes de beaucoup supérieurs à ceux qui existent aujour-
d'hui.

Aussi, n'est-ce pas une méthode que j'ai voulu présenter,
mais une science.

En résumé, ce n'est pas du cercle rétréci d'une seule intelligence que j'aspire à faire sortir la vérité, mais de la réunion de toutes les intelligences supérieures qui ont écrit sur
l'équitation.

Des grandes chasses à courre.

L'auteur de la *Comédie à cheval* n'épargne pas la critique aux chasseurs parisiens ; il voue au ridicule ces dandys à guêtres fines, à pantalon collant, à habit étranglé, aux boutons ciselés, aux gants glacés, et dont la chaussure indique l'habitué du Jardin Turc. Ceux-là, je les abandonne à la satire. Quant aux véritables chasseurs, c'est à M. Léon Bertrand qu'appartient le droit de les juger, et de rendre à chacun d'eux le mérite qui lui est dû.

Je suis fâché que M. Albert Cler n'ait pas assisté à ces belles et intéressantes chasses de Rambouillet , dans lesquelles

MM. de Perthuis, de Macmahon[1], de Wagram, de Plaisance, de Greffhule, etc., etc., brillent du même éclat que les meilleurs chasseurs d'Angleterre. Si j'ajoute à ces noms ceux des chasseurs bretons, poitevins, angevins, bourguignons, etc., quelle belle galerie de veneurs! Je renvoie au *Journal des chasseurs* ceux qui prétendent qu'en France on ne chasse plus à courre; ils y verront qu'il existe encore des provinces où ce plaisir royal est à la mode, et où les propriétaires ont conservé dans leurs châteaux la vie de nos ancêtres. Je pourrais citer dix provinces où les antiques usages de l'hospitalité sont encore conservés. Certes, la Bourgogne, la Franche-Comté, le Poitou, la Bretagne, l'Anjou, le Nivernais, etc., etc., sont des pays où le grand propriétaire règne comme au beau temps de la vénerie, sauf que personne n'interrompt plus par ordre le coassement des grenouilles, et qu'on n'a pas à redouter, pour la mort d'un lapin, la potence, ce juge expéditif de Louis XI. Ce droit de vie et de mort ne s'exerce plus que sur des individus de la race canine, témoin un magnifique épagneul qui fut jugé par un maire du Nivernais et condamné à être pendu pour avoir donné un *croc-en-jambe* à un électeur influent.

Pour prouver ce que j'avance relativement aux chasses à courre, je transporterai mes lecteurs dans la province du Berri, et je les entretiendrai un instant de la vie de château et des chasses de ce pays. Les amis de ceux que je citerai me sauront gré de parler du Berri, et reconnaîtront, dans le récit que je vais faire, le tableau de ce qui se passe également chez eux.

[1] Auteur d'un poëme charmant sur la chasse.

La saison des chasses en Berri est toujours très-animée ;
cette province devient, pendant quatre mois de l'année, un
lieu de fêtes, et chacun s'éloigne avec l'intention de revenir
l'année suivante.

Chasse du Berri.

(FRAGMENT.)

> Pendant le temps des chasses, les châteaux des Berrichons,
> leurs tables bien servies, les vins de France les plus exquis,
> les chevaux de la meilleure race, sont mis à la disposition des
> nombreux amis qui désirent prendre part aux divertissements
> de la chasse.
>
> IMITATION LIBRE D'ALBERT CLER (*Comédie à cheval*).

Je pourrais raconter beaucoup de choses sur les antiques manoirs du Berri, mais je ne prétends pas ici faire l'historique des châteaux de cette province. Nous parlons du présent, et si nous rappelons de temps à autre quelques faits anciens, c'est qu'il est difficile, dans des lieux si pleins de souvenirs, de ne pas revenir quelquefois sur le passé.

Des cuirasses, des casques, des éperons de chevaliers, des fers de lance, des épées, des squelettes, etc., etc., qui furent trouvés dans les canaux qui entourent la presque généralité des châteaux du Berri, prouvent qu'ils avaient autrefois soutenu des siéges meurtriers à une époque désastreuse pour notre pays, sous Charles VI et Charles VII.

On sait qu'alors les Anglais poursuivirent le roi de France
jusqu'au cœur de son royaume, et que plus d'une fois ils
campèrent aux portes de Bourges. Ce fut dans ces temps de
calamité générale que deux avocats de la ville de Busançais,
nommés MM. RATIER, dont les descendants vivent encore
dans le pays, furent chargés de parlementer avec un gros
d'Anglais qui ravageait la campagne, et parvinrent à éloigner
les ennemis du territoire de la ville.

Sept heures du matin viennent de sonner à l'horloge de la

grosse tour d'un des châteaux du pays, et vingt-cinq chasseurs sont appuyés contre la grille du vieux manoir.

Ils sortent de table, car il est bon qu'un chasseur ne parte pas à jeun; et quand on prend sa part de dindes froides, de jambons, de fromages de différentes espèces, le tout arrosé de vin d'Issoudun et d'Argenton, voire même de Champagne et de Bordeaux, on n'est pas à plaindre et l'on peut entrer en campagne.

Le rendez-vous était au *Chêne des Marques*, ainsi désigné parce que sous son épais feuillage se rassemblent d'habitude les gardes quand ils marquent les réserves; c'est vers ce lieu que se dirigèrent les acteurs de la journée, tranquilles sur le savoir-faire des gardes.

Arrivée à la forêt, la troupe garda le silence. Le bruit des pas des chevaux et la voix plaintive de quelques chiens tirés par le couple se faisaient seuls entendre. De temps en temps un troupeau de chevaux à demi sauvages traversait les allées [1].

— Que ces coursiers font plaisir à voir! dit un des veneurs au moment où dix ou douze de ces animaux franchissaient une allée; quelle sécheresse dans les membres! quel rein court! quelle encolure! Ces naseaux ouverts et ces hennissements indiquent une poitrine de fer.

— Oui, c'est vrai, dit avec une expression de regret le comte de Poix, écuyer et chasseur distingué. Il connaissait à fond les chevaux, ayant pu, lorsqu'il était premier page de la

[1] Le propriétaire de cette forêt et son frère possédaient en 1826 près de cinq cents têtes chevalines.

reine Marie-Antoinette, et plus tard officier supérieur des gardes du corps, acquérir de grandes connaissances hippiques. Dans quelques années, dit-il, cette race si nerveuse et si belle se perdra. Les officiers de remonte ne nous achètent pas nos chevaux, les haras nous envoient de mauvais étalons. Les habitants de nos contrées seront forcés de changer le mode de commerce; et cependant où se trouve-t-il, si ce n'est en Arabie, des chevaux plus vigoureux que ceux que nous avons sous les yeux? Et l'ancien officier désignait en ce moment quelques-uns des chevaux montés par les chasseurs.

Un entre autres, nommé *Crève-Bouchure*, se distinguait par ses muscles ressortis, ses jarrets larges, son garrot élevé et son rein court. Des yeux vifs, des oreilles effilées, des naseaux ouverts et une petite tête ajoutaient à son air farouche; une grande et soyeuse crinière brune recouvrait une encolure grêle à l'attache de la tête, mais forte à sa naissance.

Crève-Bouchure franchissait tous les obstacles, et quand il y avait impossibilité de les franchir, il enfonçait avec son poitrail la bouchure[1] qui lui barrait le chemin. Il aimait la chasse autant que son maître, et plus d'une fois on l'avait vu à l'halali mordre le sanglier et le soulever avec ses dents.

Mais bientôt nos chasseurs arrivent au rendez-vous; il était dix heures. Ils trouvent les gardes occupés à se restaurer copieusement. Vingt-deux sangliers sont signalés. Sur ce nombre quatre seulement méritent attention. Mais comme on chasse ce jour-là pour le garde-manger, on se résout à aller

---

[1] Bouchure (haie), clôture des champs, des pâtureaux.

attaquer une harde composée de huit sangliers rembuchés au paturail du Tarde.

Qu'on ne s'étonne pas du nombre des sangliers signalés au rapport ; dans ce pays giboyeux les sangliers abondent, et il n'est pas rare d'en rencontrer des bandes de douze, de quatorze, etc.

Trente chiens sont amenés sur la brisée du valet de limier, dix seulement sont donnés; mais bientôt deux chasses se font entendre, les animaux s'étaient séparés : trois coups de fusil ébranlent la forêt. On crie à l'halali de plusieurs côtés, et la mort de deux sangliers témoigne de l'adresse des chasseurs.

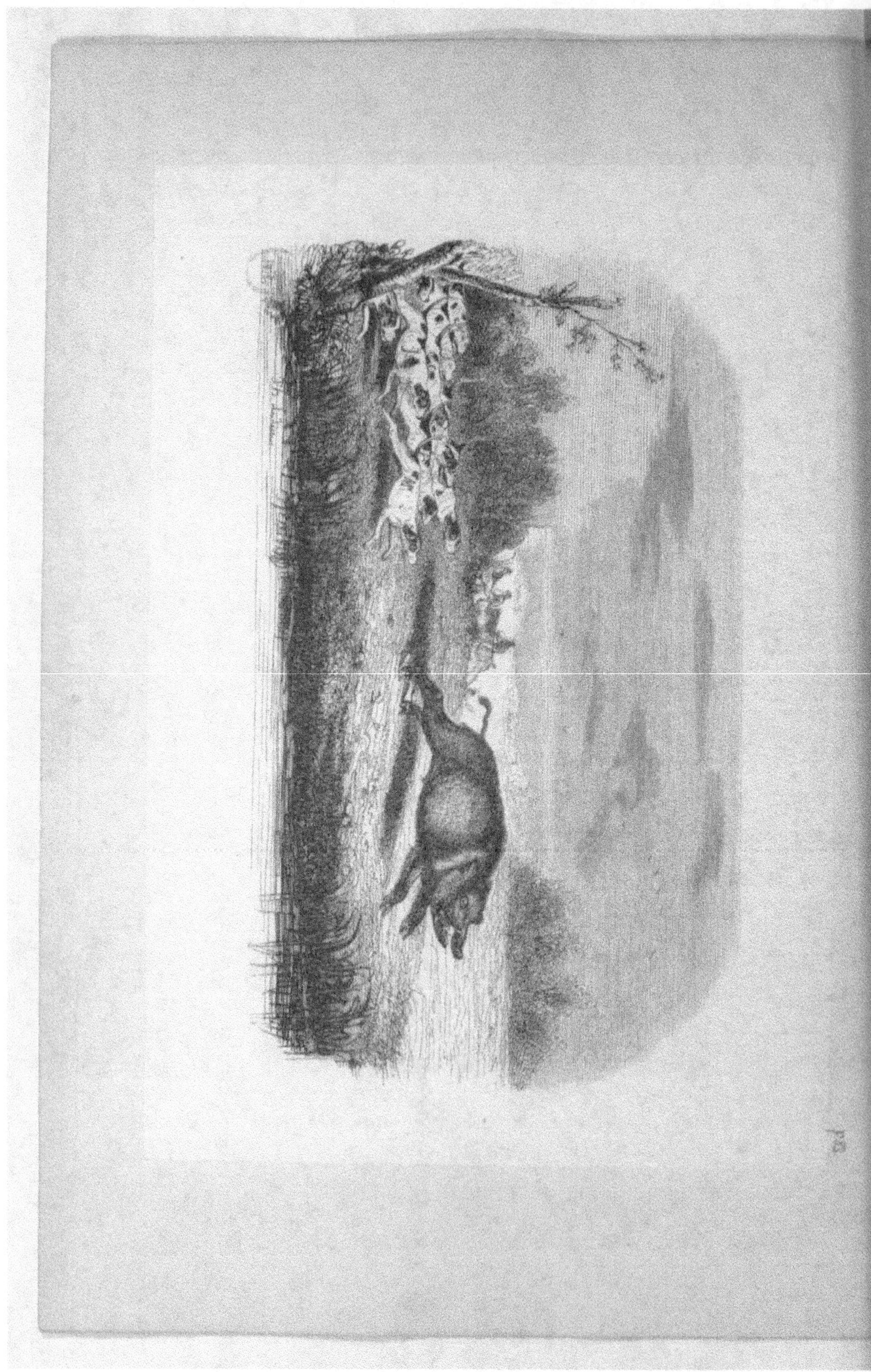

Quoiqu'il ne soit ni Anglais, ni Indien, ni Américain, etc., etc., le chasseur français court de véritables dangers.

On met les chiens sur un animal seul, pesant environ cent cinquante. *Le ragôt* marche roide et longtemps.

La chasse repart donc de plus belle, et les cors résonnent, transmettant aux échos d'alentour *le bien aller* favori du Berri, plus léger et plus enlevé que *le bien aller normand*.

Les chiens se précipitent sous les taillis, et l'animal étourdi de tout ce bruit traverse les enceintes et n'a pas le temps de ruser.

Deux heures se passent ainsi, et c'est tout au plus si le sanglier peut traverser ses *marchais*[1] accoutumés pour prendre du repos et ramasser de la fraîcheur. Enfin, toujours harcelé, il se décide à un grand parti et se dirige vers le débuché qui mène à la forêt de Châteauroux.

Pour quitter la *forêt Thibault*[2], le sanglier devait traverser un petit bois de quatre arpents, bordé de prairies, et de là reprendre la plaine ; ce fut dans cet endroit que les chasseurs qui avaient deviné l'animal allèrent se poster. Le lecteur saura que dans ce pays des minerets sillonnent une partie des propriétés, et que dans le débuché on compte plus de trois cents trous de mines dont les deux tiers sont recouverts de brandes. Qu'on juge des dangers que le cavalier doit courir ! Aussi est-ce avec prudence que d'ordinaire il se hasarde ; mais ce jour-là l'ardeur de la chasse avait fait oublier les trous de mines. Lorsque le sanglier parut, on lui coupa la retraite ; chaque cavalier, l'œil fixé sur la bête fauve, lance son cheval à fond de train : dix des plus hardis ont déjà roulé dans les trous de mines ; *Crève-Bouchure* est dans ce moment en tête, et s'il n'est pas tombé, c'est qu'il est enfant du pays, qu'il connaît le danger et qu'il sait l'éviter. Enfin il atteint le sanglier, que son cavalier, le fouet en main, frappe à coups redoublés ; mais bientôt, sanglier, chasseur et cheval, disparaissent à la fois, et trois compagnons d'une espèce bien différente se trouvent à huit pieds sous terre.

Figurez-vous, lecteurs, trois diables dans un bénitier, et

[1] Sorte de petite mare.
[2] Nom de la forêt appartenant au propriétaire de la terre.

vous aurez une idée de la scène qui se passe dans le trou de mine.

La plupart des chasseurs étaient hors d'état de leur venir en aide; l'un relevait son cheval, l'autre se relevait lui-même, un troisième courait après sa monture échappée, et les plus sages arrivaient en ce moment avec les chiens, qui, toujours sur la voie, eurent bientôt atteint le trou de mine et disparurent à leur tour, mais de bonne volonté.

Au fracas épouvantable qu'ils entendent, les derniers arrivés comprennent le danger que court leur compagnon dans cette caverne de *Robroy*, mais sans pouvoir lui porter secours.

Que faisaient cependant l'homme, le cheval et le sanglier pendant cette pluie subite de chiens, criant, mordant et jappant? Le plus à plaindre de tous, celui qu'on ne plaignait pas et qui devait figurer au croc du garde-manger, hurlait de désespoir. *Crève-Bouchure*, étonné de se trouver ainsi pris, faisait le mort, et son maître, écrasé sous le poids du cheval, écoutait, dans une position fort gênée, le récit grotesque de la bête fauve, joue contre joue, épaule contre épaule.

L'arrivée précipitée des nouveaux hôtes allait compliquer l'affaire, lorsque *Crève-Bouchure*, rassemblant ses forces, souleva son corps, ce qui permit à son maître de tirer son couteau de chasse et de le plonger entre les côtes de son camarade de chambrée. Alors un cri horrible se fit entendre, cri de guerre, cri de mort, et qui annonçait qu'un combat singulier se livrait entre l'homme et la bête.

Donc le combat se livre, et les exclamations des deux adversaires attestent une fureur commune; tous les deux sont de terribles champions, mais les armes ne sont pas égales, et les positions encore moins. Notre chasseur, sans perdre de temps et tenant le quadrupède par une jambe, cherche à diriger les coups qu'il porte vers la région du cœur. Bientôt le succès couronne ses efforts, et son ennemi s'affaisse en gémissant, puis son silence annonce qu'il n'est plus à redouter.

Le vainqueur se redresse, et, le pied sur *Crève-Bouchure*, qui refaisait le mort, il saisit les mouchoirs de ses camarades de chasse et parvient à se hisser jusqu'à la surface, au grand contentement de tous. Voici quelle était la forme de cet antre : Figurez-vous une base de sept pieds, large à la surface de douze, et profonde de huit, et vous aurez la mesure du trou. Aucune pente n'existait pour descendre; il fallait s'y précipiter pour arriver au fond. Aussi, pour tirer *Crève-Bouchure* du trou de mine fut-on obligé d'aller chercher les outils nécessaires à l'élargissement d'un des côtés. La pente fut bientôt faite. *Crève-Bouchure*, qu'heureusement sa chute n'avait pas trop meurtri, ne se fit pas prier pour sortir de sa prison.

Le jour commence à baisser, et de temps à autre une lumière vive scintille à travers les fenêtres du vieux manoir. Les chasseurs n'arrivent pas. On a bien au château le récit de la première partie de la journée, car les sangliers sont étendus dans le vestibule, mais on ignore le plus intéressant, et chacun est dans l'attente.

Un son lointain se fait bientôt entendre, le cor résonne et annonce le retour des chasseurs.

— C'est la retraite prise, dit le chef de la famille; nous aurons ce soir quelques récits joyeux.

En effet, à mesure que les chasseurs approchent, les fanfares se multiplient. Deux gars aux épaules carrées, aux chapeaux à larges bords, déposent sur le pavé un animal sans vie, un des trois champions du trou de mine.

Un mot sur les habitants d'un vieux château du Berri.

Le château du Mée, résidence de M. le vicomte de Menou, présente toute l'année un aspect de bonheur difficile à pein-

dre. Six siècles ont vu s'y succéder, de père en fils, cette franche gaieté et cette bonhomie du bon vieux temps qui par malheur se perd de jour en jour dans ce siècle tant soit peu égoïste.

Le château qui forme un carré long, a deux étages. De vastes communs, destinés aux serviteurs de la maison, aux piqueurs et aux meutes des voisins, indiquent au premier coup d'œil que le logement a été calculé d'après les nombreux visiteurs qui, en tout temps, ont trouvé une hospitalité si complète dans le sein de cette honorable famille.

Je suis persuadé que l'aspect de cette antique demeure, toujours pleine de véritables amis, mécontenterait fort le plus grand philosophe de la Grèce : Socrate se consolerait-il de voir un homme compter ses amis par douzaines, lui qui se flattait à peine d'en avoir un seul, et ne demanderait-il pas au vicomte de Menou par quel secret il a conquis ce rare et précieux privilége?

Que de choses à dire sur ces vieux murs féodaux [1], tout remplis de nobles souvenirs! mais ce n'est point là notre tâche : nous ne voulons point retracer au lecteur l'historique du château du Mée ; lui nommer un à un, comme Ruy-Gomez dans Hernani, tous les portraits des preux qui ornent sa galerie ; nous nous garderons même bien de nous faire le panégyriste de ses maîtres actuels : le nom seul qu'ils portent si dignement n'est-il pas leur plus bel éloge?

C'est un *Rubens*, dira-t-on, en parlant d'un grand peintre.

[1] Je ne crains pas d'avancer ici que rien ne serait plus intéressant que le récit des chroniques et souvenirs qui se rattachent aux vieux châteaux du Berri et à leurs propriétaires.

Un *Talma*, pour désigner un acteur célèbre.

Un *Bayard*, s'il s'agit d'exprimer un chevalier sans peur et sans reproche.

C'est un *Menou*, dit-on dans nos pays, quand on veut citer un noble caractère, un homme de cœur, d'honneur, et de plus un chasseur intrépide.

Savez-vous, lecteurs, qu'à la bataille de Malplaquet, si funeste à la France, vingt-quatre *Menou* arrosèrent de leur sang les sillons qui virent notre défaite, et que les *Menou* actuels sont les arrière-petits-fils des veuves de ces vaillants hommes de la nation, *gentis homines*, dont les enfants étaient encore à la mamelle lors de cette funeste catastrophe? Qu'on se figure ce que doivent être les descendants des héros de Malplaquet! jadis Sparte eût immortalisé leurs pères, elle qui éleva des statues aux morts glorieux des Thermopyles.

Peu de temps avant cette bataille, si désastreuse pour leur race, un *Menou*, seigneur de Boussay, fondait, pour la somme de cinquante mille écus, la fameuse abbaye de Saint-Quentin, où vingt-deux filles de cette noble maison prirent le voile le même jour. C'est ainsi que cette vaillante et pieuse famille a su, dans tous les temps, payer sa dette à Dieu et au pays. Du reste, jaloux de propager le sang qui coulait dans leurs veines, les *Menou* n'étaient point d'humeur à laisser éteindre leur maison. Un de leurs plus braves ancêtres, René de Menou, seigneur du Mée, avait, pour sa part, juré devant le saint autel que jamais aussi bonne race que la sienne ne périrait par sa faute. Or ce preux tint parole ; il se maria deux

fois, et ses trente-six enfants mangeaient à sa table le jour
où s'accomplissait sa soixantième année.

La chronique ne nous dit pas combien il eut de petits-en-
fants. Mais en voilà assez sur ces temps héroïques et chevale-
resques qui ne sont plus. Revenons au présent, et écoutons
le récit d'une chasse à courre donnée par le vicomte de
Menou.

Dignement représentée, la vénerie française compte chaque
année, parmi les chasseurs réunis au château du Mée, de fervents adeptes. Voici quels étaient les maîtres d'équipages :
M. le vicomte de Menou, dont la taille majestueuse et la force
sont passées en proverbe ; MM. Benjamin de Chaudenay, le
comte de Jouffroy, le vicomte Oct. de Menou, de Maurivet,

La ferme de Douet avait été désignée pour notre rendez-
vous. Là, rapport nous fut fait d'un cerf dix-cors, rembuché
dans le bois de Baugeret. A peine prîmes-nous le temps de
nous restaurer, impatients que nous étions de procéder à
l'attaque. A neuf heures nous entrions au bois pour frapper
aux brisées, et à dix heures l'animal bien rapproché ayant
bondi, les trompes de nos piqueurs sonnaient successivement
la vue, la royale et *le lancer*. Douze chiens seulement avaient
été d'abord découplés. Le dix-cors, chassé vigoureusement,
resta peu d'instants dans Baugeret, traversa les Augères, et
gagna le débucher de Chaillou, où lui fut donné un relai de
trente chiens. De Chaillou aux Palulais, ce ne fut que l'affaire
d'une demi-heure; chiens et chevaux franchissaient les fossés
avec une intrépidité sans égale, et les cors résonnaient
de plus belle, déchirant l'air de leur sauvage et fière harmonie. Des Palulais l'animal débucha à Parai, puis s'en fut droit
à la forêt Marquise, et enfin au grand débucher des Arpents
et de Chand'oiseaux. Tous les bois que nous venons de citer
sont séparés les uns des autres par un intervalle d'un à six
kilomètres, ce qui permet de voir souvent l'animal et de
suivre facilement la chasse. Aucun pays n'est plus beau pour
un laisser-courre : il n'est pas rare d'y courir un cerf pendant plusieurs milles de suite.

A la sortie de la forêt Marquise, le cerf, chassé depuis trois
heures, se détermina à prendre un grand parti : il bondit
dans la plaine qui mène à Chand'oiseaux, Luçay, Saint-
Aignan. Ernest de Sainte-Ville et moi attendions au coin de
la pointe nord-ouest de la futaie, et les autres chasseurs, par-

tie au fort, partie à quelque distance de nous, se dirigeaient vers le point où nous étions.

Le cerf une fois dans la plaine, nous n'hésitâmes pas à le prendre en flanc, et une course des plus intéressantes s'engagea entre lui et nous. J'eus de nouveau occasion de reconnaître dans cette circonstance que les lois de la nature indiquent au cavalier la position adoptée par l'animal qui court. Le dix-cors, la tête en avant et non perpendiculaire, le cou allongé et horizontal au sol, cherchait à dégager son arrière-main, qui n'agissait plus que comme ressort d'impul-

sion ; son centre de gravité entraînait la masse en avant,
n'en déplaise à ceux qui prétendent que la position de la tête
du cheval ne varie pas suivant son allure[1].

Mais tandis que nous nous amusons à parler des causes
appartenant au centre de gravité, l'animal, qui a bon jarret,
court toujours, et M. de Sainte-Ville le poursuit avec une rapidité sans pareille. Droit sur ses étriers, le corps légèrement
penché en avant, les jambes fortement pressées contre les
flancs du cheval, l'œil fixé sur sa proie, il ne voit qu'elle, et
se livre aveuglément à l'ardeur de son coursier, aussi intrépide que lui. Ils franchissent ensemble ravins et fossés, et
l'espace tourbillonne sous leur élan rapide. Pendant plus
d'une lieue, hommes et chevaux n'ont pas fléchi un instant,
et le cerf va être atteint. Un ravin se présente, nouvel obstacle: un ravin de dix pieds de large! Le cerf le franchit d'un
bond ; de Sainte-Ville le suit... Gare à vous ! s'écrie-t-il, et
il s'élance sans hésiter... La course se continue de plus
belle... A un kilomètre du ravin, nos chevaux s'essoufflaient;
la bête fauve, également harassée, semblait nous demander
merci, et c'était avec une joie cruelle et sans pitié que nous
savourions d'avance le plaisir du sanglant halali. Je montais
une vieille jument, débris des chasses du roi Charles X. *Ti-
gris*, *Crocodile* et *Croquemitaine*, mes chevaux favoris, n'a-
vaient pas été prévenus de la partie, et mon ami Sainte-Ville
m'avait prêté, faute de mieux, la respectable monture de

---

[1] La tête n'est perpendiculaire que pour un travail de manége ou allure de
manége

l'ex-veneur de sa majesté Charles X, l'honorable M. de Girardin. La pauvre bête, fortement ébranlée par une course de six kilomètres à travers brandes et par le saut du dernier ravin, s'était déboîté l'articulation du paturon avec le canon, et courait ainsi sur les boulets.

Je m'arrête, car un pareil tableau fait frémir mes lecteurs, et, d'ailleurs, impossible à moi d'aller plus loin. Mon intrépide jument venait de tomber, et ce fut en vain que de Sainte-Ville et moi cherchâmes à la relever. Le cerf, profitant de ce moment de répit, entra dans un marchais pour s'y rafraîchir un peu, puis il reprit sa route vers Chand'oiseaux, où il nous précéda de quelques minutes.

Peu d'instants après survenaient MM. de Menou, de Chaudenay, toute la troupe enfin, escortée de piqueurs auxquels nous fîmes mettre les chiens sur la voie.

Pendant ce temps le jeune de Jouffroy et le comte de Nieul avaient avisé, pâturant dans la brande, un de ces chevaux infatigables connus sous le nom de *Brenous*; le prendre et me l'amener fut l'affaire d'un instant; lui mettre la selle, la bride de la pauvre jument estropiée fut encore bien moins long; et à peine me fus-je élancé sur le dos de ce coursier sauvage, que, comprenant son rôle à merveille, à l'honneur des chevaux du Berri, il partit aussitôt au milieu des pur-sang, bien convaincu qu'il pouvait lutter de fonds et d'agilité avec eux.

Une heure après cet événement, le cerf se trouvait dans la brande de la Dolangère, entouré par les chiens, au beau milieu desquels il tombait sans mouvement et sans vie.

Après la curée chaude, les chasseurs regagnèrent le chemin du Mée en sonnant joyeusement la retraite prise.

Je n'oublierai pas qu'en passant près de la demeure du garde Canon, nous descendîmes chez lui pour nous rafraîchir et laisser un peu souffler nos chevaux. Ce fut une halte charmante et d'un effet très-pittoresque. Nous avions tous une soif ardente et une faim digne des héros d'Homère ; aussi, peu difficiles à contenter, fîmes-nous honneur aux maigres ressources d'une hospitalité toute champêtre. L'un de nous, *Français arabisé*, le comte Robert de Sesmaisons, s'étant emparé d'un grand bassin de terre cuite, y versa un broc de vin tout entier ; puis, brisant un morceau de pain bis de la grosseur d'un pain de munition, il s'attabla sans façons sur un tronc d'arbre, sa jument à côté de lui et partageant son modeste repas. Il fallait voir cet Arabe-Français, à la grande barbe, aux yeux vifs et noirs, et sa jolie jument, une des houris de l'Arabie brenouse !

Ce spectacle fort original ne contribua pas peu à effacer de nos esprits plus froids le souvenir douloureux qu'y laissait alors le sort de la pauvre jument restée mourante sur le champ de bataille.

Notre arrivée au Mée fut accueillie avec une grande joie, et chacun raconta les hauts faits de cette glorieuse journée. Un des piqueurs avait roulé cinq fois sans se faire le moindre mal ; c'était d'Arnaud. Le jeune comte de Jouffroy, nouveau Curtius, avait disparu en entier dans un trou recouvert par la brande, mais en était sorti sain et sauf. Un autre avait culbuté dans une mare d'eau. Un quatrième.... Mais je n'en

12

finiraispas si je voulais vous raconter tous les incidents survenus à chacun de nous. Les seuls veneurs qui n'eussent point bronché dans le cours de cette rude campagne, il faut le dire à leur louange, c'étaient les maîtres de la chasse, le vicomte *de Menou* et *Levaillant de Chaudenay*. Calmes comme de vieux chasseurs, connaissant les refuites, les ruses de tout animal, ils arrivaient toujours à point, soit pour nous encourager, soit pour remettre dans la bonne voie les jeunes gens qu'allait en écarter l'ardeur irréfléchie d'un trop bouillant courage. Avec de pareils professeurs on est toujours certain du succès.

Nous avons hâte de détourner notre pensée de la façon dont
on reconnaît généralement les services de ces nobles et utiles
animaux. Nous craindrions, après avoir débuté par contester
quelques-unes des qualités du cœur attribuées au cheval, d'être
entraîné à terminer en retournant cette critique contre les
hommes.

Comédie à cheval, Albert Cler.

Onze heures ont sonné à l'horloge du château; les joies de
la soirée sont finies, et chacun de nous, monté dans sa
chambre, se livre en paix aux douceurs du sommeil. La
nuit se passe ainsi, et les plus beaux rêves nous bercent
encore au moment où le coq qui chante annonce le retour
de l'aube. Tout à coup, ô surprise! un son plaintif frappe
les oreilles des chasseurs endormis : le vicomte de Menou
se lève sur son séant et se jette à bas de son lit; de Sainte-
Ville et de Maurivet s'agitent dans les corridors; Raymond
de Menou franchit les marches des escaliers, et est tout

étonné de rencontrer M. de Monville déjà dans la cour du vieux manoir.

Pourquoi tout ce vacarme et quelle est cette alerte? un son plaintif s'est fait entendre ; puis plusieurs se succèdent rapidement... Que fait de Brèves? il dort, sans doute! Mais bientôt s'élève un cri : *Ah! ma pauvre jument!* s'écrie de Sainte-Ville, *ma pauvre jument!* c'est bien elle!

Pendant ce temps je m'étais éveillé, et j'avais reconnu le hennissement douloureux de ma compagne de chasse. Livré aux remords, j'essuyai une larme, et j'allais descendre pour rejoindre ces messieurs, quand à tout ce tumulte succéda un silence général, précurseur de quelque arrêt tragique. Ordre était donné de terminer ce drame. En effet, l'aube du jour apparaissait à peine, ce n'était plus le craquement des vieux chênes du parc, le chant du coq, ni les plaintes de la jument qui se faisaient entendre..... C'eût été plutôt le chant du cygne se mêlant au son de la cloche argentine des vaches de la vallée d'Argis¹... Puis un coup de fusil partit, répercuté par les échos du parc... Le contre-coup m'émut malgré moi, et je pensai au *Dernier Jour d'un condamné*.....

¹ Jolie vallée d'une fertilité peu ordinaire, près Buzançais (Indre).

Oubliée par le garde qui avait été chargé de la tuer, la jument de Sainte-Ville avait mieux aimé, la pauvre bête, se traîner pendant deux lieues sur ses boulets que de devenir la proie d'un loup affamé. Elle venait implorer un abri, un peu d'avoine. On fut plus généreux, une balle mit fin à ses souffrances, et deux heures après nous jetions sur son corps des branches de lauriers. Morte au champ d'honneur, ne méritait-elle pas, comme oraison funèbre, ce dernier et légitime hommage ?

Le chasseur français (nous parlons du chasseur qui chasse)
arrive au rendez-vous en habit de drap-fort, en bottes à l'é-
cuyère ou bottes ordinaires, avec houseaux par-dessus, monté
sur un cheval de bonne mine et du prix de 500 à 3,000 francs.
Si parfois il envoie ses chevaux d'avance au rendez-vous, il
a toujours une calèche à sa disposition, un cabriolet ou une
carriole ; le fournisseur n'est autre que le propriétaire qui
donne la chasse, etc.

Imitation libre d'Albert Cler.

Que le lecteur veuille bien se transporter avec nous, qui
lui servons de guide, dans un joli château situé sur le bord
de l'Indre, à huit kilomètres de Châtillon-sur-Indre, nous
espérons ne pas l'égarer: là il trouvera bon gîte, bonne table,
et surtout bonne figure d'hôte, et ne sortira pas à coup sûr
sans fredonner, en se rappelant les douces séductions de
son oreiller :

> Qu'on est heureux de trouver en voyage
> Un bon souper, et surtout un bon lit !

Donc, le 3 novembre dernier, jour de la Saint-Hubert, le

ciel s'était couvert d'un manteau brun, au grand scandale
des amis du vertueux patron des chasseurs ; néanmoins, sur
les dix heures, il se montra plus favorable ; le brouillard dis-
paraissait insensiblement, et son enveloppe spongieuse laissait
pénétrer jusqu'à la terre quelques rayons bienfaisants de
soleil. M. de la Cottardière, propriétaire des châteaux de
Saint-Cyran et de Chaillou, marchait en tête des chasseurs
qui se dirigeaient vers Chaillou, lieu du rendez-vous. Cette
bande joyeuse avait huit kilomètres à parcourir, ce qui peut
donner le temps de faire des réflexions tout à son aise ; quand
je dis à son aise, je ne parle pas de moi, pauvre hère, qui,
entassé sixième dans la cage à poulets d'un cocassier de Châtillon, me trouvais tout juste en position d'en faire de péni-
bles. Mais comment cette carriole était-elle à Saint-Cyran au
moment du départ ? comment avait-elle l'honneur de ren-
fermer un membre de l'ex-comice hippique, un membre du
jockey-club, un Breton et trois *gentlemen riders ?* Patience, le
fait s'explique, et voici comme : Chacun de nous ayant préféré, la veille au soir, envoyer ses chevaux au rendez-vous, le
comte de Nieul et le comte Octave de Menou, tout frais débar-
qués de Chambord, où ils avaient panneauté des chevreuils,
n'avaient trouvé rien de plus plaisant que de louer une cage
à oiseaux et de nous panneauter à notre tour, comme ils
avaient fait de six chevreuils dans la magnifique résidence de
François Ier. Il faut de la philosophie en ce monde ; d'ailleurs,
quoi qu'en dise le proverbe populaire : *Où il y a de la gêne il
n'y a point de plaisir*, moi, je suis parfois d'un avis contraire ;
je soutiens qu'on rit mieux quand on est gêné, pressé, et

qu'entre six personnages également grotesques, chacun en a
cinq devant les yeux sur lesquels il prend sa revanche des
réflexions dont il est l'objet.

Chaillou[1] se dessina bientôt à notre vue. Situé sur le bord
de la route, dans une position délicieuse, ce vieux château,
monument des temps passés, restauré et augmenté par
M. de la Cottardière, son propriétaire actuel, est entouré de
bois où les cerfs foulent la bruyère et broutent le drageon
comme de simples animaux domestiques ; il est vrai qu'on

[1] Ce château fut jadis le berceau de la famille de MM. de Sorbiers, vaillants
hommes d'armes. Il devint ensuite la propriété de la famille Amelot, dont l'illus-
tration est connue ; puis il passa dans la famille du propriétaire actuel.

respecte tous leurs caprices, c'est l'ordre formel du maître,
avant tout grand amateur de chasse. Pour arriver au château
il faut d'abord traverser le parc, dont madame de la Cottardière a fait dessiner les charmants contours par Chatelain, ce
moderne *Lenôtre*.

Le rapport des piqueurs nous annonça un cerf dix-cors
jeunement, et quatre biches ayant fait nuit dans la même en-
ceinte, et qui s'y trouvaient encore rembuchées. Le fauve est
tellement abondant dans ce pays, qu'il était à présumer que
plusieurs animaux bondiraient à l'attaque.

Voici quels étaient les maîtres d'équipages :

Le vicomte Raymond de Menou, le comte Octave de Menou,
de Sainte-Ville, le vicomte d'Arambure, le vicomte de Lignac.

Ces messieurs sont tous de jeunes chasseurs, mais assez
intrépides pour que l'on puisse dire de chacun d'eux, sans
les flatter :

> .... Aux âmes bien nées
> La valeur n'attend pas le nombre des années.

Le lancer fut aussi heureux que possible; six chiens d'attaque avaient été découplés sur la brisée; ils prirent chaudement la voie du cerf, qui, par un hasard inespéré, s'était
séparé de sa compagnie. Sans doute l'infortuné repassait
dans son esprit les tendres conversations de sa nuit amou-
reuse. Hélas ! son heure dernière était arrivée, et le fier animal ne devait plus revoir ses douces compagnes.

Trois heures après, Baugeret, les Augères, Chaillou, les
Palulais, cette suite de jolis bois, qui ne sont séparés que par

des débuchers de trois et quatre kilomètres, avaient été traversés et retraversés sur toutes les faces. Quarante chiens,
suivant avec ardeur les émanations de la bête, la harcelaient
sans relâche. On n'entendait au loin que leurs cris, le son
bruyant des fanfares, l'ébrouement des chevaux et les battues
cadencées de leur galop à travers bois. Je n'oublierai jamais
le zèle des maîtres d'équipage, qui, ce jour-là, se multipliaient
avec une ardeur vraiment miraculeuse ; on eût dit que le
grand saint Hubert lui-même les inspirait, touché de la noble
ardeur de si fervents disciples; car tout allait selon nos désirs,
et déjà le dix-cors, essoufflé, cherchait à donner aux étangs,
pour procurer à ses membres fumants un peu de cette fraîcheur, plus funeste, hélas ! qu'utile.

Un événement fâcheux, mais qui n'eut heureusement aucune suite grave, faillit empoisonner les joies d'une si belle
journée. En sortant des Palulais, au moment où l'animal,
chassé de ce bois, débuchait à Chaillou, le cheval du chef de
la chasse s'abattit dans une fondrière, et s'étant relevé préci-
pitamment, après avoir désarçonné son cavalier, il s'enfuit
à toute bride. Nous frémissions tous, lorsque nous vîmes
M. de la Cottardière, aussitôt debout que par terre, se relever,
prendre une gorgée d'eau-de-vie, enfourcher un de nos chevaux, et partir au galop, la tête enflée et la figure ensanglan-
tée, aussi calme qu'avant sa chute, mais laissant toutefois
dans nos esprits une vague inquiétude.

Pendant ce temps je m'étais élancé à la poursuite du cheval
échappé. Ami lecteur, écoutez un conseil . De même qu'il
faut vous défier comme d'un fourbe de tout homme dont le

rire est forcé, qui, composant sa physionomie, retire les lèvres en arrière en les pinçant, dont la bouche hypocrite se fend jusqu'aux oreilles, tandis que son regard incertain n'ose se lever sur vous ; de même il faut vous tenir en garde contre le cheval qui sourit au moment où vous l'approchez : c'est une trahison qu'il médite, profitez de l'avertissement ; bientôt une ruade bien détachée succède à cette joie simulée.

Je courais donc après le cheval, et j'étais sur le point de l'atteindre, lorsque le traître se prit à rire ; ses lèvres se contractèrent en remontant, ses naseaux se retroussèrent, ses oreilles se couchèrent en arrière ; puis il avança la tête en me regardant de travers, la baissa un peu, et au même moment un coup de pied rapidement lancé traversa l'air sans m'atteindre. La leçon était bonne, et j'y répondis par un vigoureux coup de fouet qui fit prendre au fugitif un galop précipité. Je le suivis alors, bien sûr de le rejoindre. Je montais *Croque-Mitaine*, cheval de pur sang, et nous ne courions pas, nous dévorions l'espace... Dix kilomètres nous séparaient déjà du lieu de l'accident, lorsque, arrivé dans un carrefour, je redoublai de vitesse, et sans donner le temps à mon adversaire de se ralentir, je le saisis par la bride avec une adresse digne d'un mameluck. J'étais vainqueur, j'avais forcé mon animal.

Il s'agissait maintenant de ramener le cheval à son maître. Mais que l'homme est souvent à plaindre ! rarement il fait ce qu'il veut ; et pour en venir à mes fins il fallait trois volontés : la mienne, celle de *Croque-Mitaine*, vainqueur, et celle du cheval vaincu.

Aussi, lorsque je voulus partir, ô trahison ! l'animal, entêté et rancunier, se mit à tirer au renard et faillit m'entraîner avec lui. Je tins bon néanmoins, opposant au récalcitrant, d'après le principe de l'équitation raisonnée, force pour force, une livre pour une livre, deux livres pour deux livres, etc., etc., et ayant commencé *homœopathiquement* par une force infiniment petite. Mais, hélas ! j'avais compté sans mon hôte. Au moment où le principe allait triompher, et où la résistance du cheval cessant, je le remorquais à ma suite, la base sur laquelle je reposais, *Croque-Mitaine*, cette base mobile, ennuyé à son tour d'une obéissance passive, opposa trois cents livres à la fois. Je faillis laisser mon bras droit à la tête de mon adversaire ; je fus obligé alors de descendre pour chercher un moyen plus efficace, et la ruse vint à mon aide. Je m'élançai comme un furieux sur mon adversaire, et, lui labourant les flancs avec les couteaux-poignards de mes houseaux, je partis comme la foudre, entraînant cette fois le rebelle *Croque-Mitaine*. Une heure après j'avais remis le cheval à son maître, et je partageais les émotions des chasseurs, car le cerf à bout de voie se relaissait à chaque instant, ne quittait plus les étangs, et tout annonçait sa fin prochaine.

Nous étions de retour dans les bois de Chaillou, traversés par la grande route de Châtillon à Blois. La vue de plusieurs calèches nous apprit qu'une nombreuse société avait voulu assister au triomphe de la Saint-Hubert. En effet, des dames allaient et venaient sans cesse dans leurs voitures sur la route, poussant des cris de joie chaque fois que l'animal, harcelé et n'en pouvant plus, traversait le grand chemin

pour aller dans l'étang voisin. A la fin, ses courtes randon-
nées se bornèrent aux rives de ce même étang, dont il ne

sortait plus ; et bientôt, ses forces l'abandonnant tout-à-fait,
il fut pris dans la plaine de la grande métairie des bois, en
présence des dames et de trente chasseurs réunis.

La curée chaude se fit à l'instant même, sur place ; et
pour remercier le grand saint Hubert, on entonna sa fan-
fare au milieu du cri des chiens et de l'allégresse expansive
des habitants des campagnes, accourus de toute part au
bruit des trompes et de la meute.

A neuf heures tous les chasseurs, au nombre de vingt-un, non compris les piqueurs, se groupaient sous le feuillage des antiques chênes des pères supérieurs de l'abbaye de Baugeret. Chacun d'eux devisait à sa manière, et tous s'interrompaient au moindre bruissement des branches qui semblait annoncer l'arrivée des valets de limier. Bientôt chaque garde revint avec son rapport, mais aucun n'était satisfaisant, toutes les bêtes étaient accompagnées; enfin on découpla à tout hasard à Chand'oiseaux, sur un dix-cors signalé au milieu de plusieurs biches, et quelques minutes après cinq animaux bondirent sous le nez des chiens. Le dix-cors, en véritable roi des forêts, se jeta au milieu des chasseurs, et fut salué par les piqueurs qui sonnèrent la vue, la royale et le lancer.

Les chevaux, remplis d'ardeur, frémirent sous leurs cavaliers non moins impatients qu'eux, et tous disparurent bientôt au milieu du fourré.

Douze chiens avaient été donnés par le vicomte de Menou, et la voie avait été prise chaudement. Au bout d'une heure de chasse le cerf se dirigea vers le débuché et sortit de la forêt, mais par une ruse habile il revint sur ses pas et se replongea au milieu des épais taillis. A cet instant les dix-huit chiens du comte de Jouffroy furent donnés par Modeste et Berri, et la Feuille, les soutenant de la voix, prédit d'avance le succès de la journée.

Ce relai donne à la chasse une animation très-grande, les chiens volent sous les taillis comme s'ils étaient en plaine, et ne laissent aucun moment de relâche à l'animal. Celui-ci, pressé vigoureusement, retourne au débuché, et cette fois il s'élance dans la plaine, se dirigeant vers la forêt de Luçay. Chasseurs et chiens le suivent. C'est tout au plus si on a le temps de jeter les yeux sur un joli castel nommé *Oubliaise*, qui appartient au comte de Preaux, excellent chasseur.

Dans la forêt de Luçay, deux biches bondissent sous le nez des chiens et jettent l'indécision parmi eux ; mais *Rapido* et *Lucidor* entraînent leurs camarades incertains, et la chasse recommence de plus belle.

Bientôt huit chiens appartenant à MM. Bernardeau et Valentin viennent grossir la meute, et l'animal, pressé de toutes parts, se dirige vers l'étang de Luçay, et traverse le bois de Latonne [1], séjour favori des anciens moines des abbayes de Villoing et de Baugeret.

De Latonne, le cerf gagna à travers la plaine vers l'étang de Luçay, et passa, pour ainsi dire, sous les fenêtres d'un joli castel nommé le Pin, appartenant à madame Moriancour, puis il se jeta enfin dans l'étang.

On a mille fois décrit, dans des récits de voyage, les lacs d'Écosse, les lacs d'Angleterre, les lacs styriens, les lacs de Suisse; mais aucune narration, plus ou moins poétique, n'a parlé des belles nappes d'eau dont le Berri peut être fier. Que de fois j'ai désiré qu'un écrivain de génie, comme Walter Scott, se transportât sur le haut du rocher où est situé le château du Bouchet, ce vieux manoir des temps féodaux, l'une des anciennes demeures du roi saint Louis, qui en confia la garde à Geoffroy III, baron de Preuilly! Au pied de ce château se trouve l'étang de la mer Rouge, qui tire son nom des croisades, et qui est célèbre par les pèlerinages que l'on faisait jadis à sa chapelle bâtie au milieu des eaux, et dont les ruines sont visitées processionnellement.

Les eaux toujours bleues et tranquilles de l'étang de Luçay, qui rappellent les eaux du lac Lohn, en Ecosse; cette magnifique usine appartenant au duc de Valençai; les maisons

---

[1] Ce bois était le lieu choisi par l'abbé de Marolles pour ses méditations. Ce père abbé était fils du brave Claude de Marolles, qui tua le fameux Marivault sous les murs de Paris. Ce jour-là la ligue triompha. Henri III vit tomber sous le fer d'un Berrichon l'une de ses premières lances et l'un des plus intrépides soldats de son armée.

rustiques semées çà et là sur les coteaux environnants ; ces bosquets qui jettent au printemps l'ombre et le parfum sur les rives ; tout cet admirable paysage inspirerait le grand romancier, et lui dicterait des pages immortelles. Puisse ce vœu être au moins entendu par un génie compatriote ! puisse l'auteur d'*Indiana*, de *Valentine* et d'*André*, ne pas oublier un jour les vieilles chroniques, les vieilles légendes, les antiques manoirs de son pays natal !

Au moment où le cerf se précipita dans l'étang, les cloches de Luçay-le-Mâle étaient en branle. L'église, ce jour-là jonchée de fleurs, avait été témoin du mariage d'un des principaux habitants ; les pistons de la machine à vapeur du haut-fourneau produisaient un bruit semblable au tonnerre, et la flamme qui jaillissait des cheminées éclairait la noire vapeur qui montait vers les nuages. Au milieu de l'étang on apercevait le cerf à la nage suivi de quarante chiens ; sa magnifique tête, chargée d'une forêt de branches, paraissait comme un navire au milieu des eaux ; les têtes des chiens figuraient autant de barques remorquées à sa suite, et cette flotte entière continuait à glisser sur l'onde, sans savoir encore où le destin la conduirait. Mais, hélas ! les forces du roi des forêts s'épuisaient insensiblement, une larme tombait de chaque côté de ses joues.

Pendant que les cris des chasseurs et l'harmonie sauvage des fanfares se confondaient avec le bruit de la machine à vapeur et le son monotone et grave du beffroi de l'église, il fallait voir sur le rivage la population de Luçay-le-Mâle, les uns encore parés pour le mariage, et quittant la danse pour

assister à ce pompeux halali, et couvrir, pour ainsi dire, la victime de fleurs; les autres, véritables enfants de Vulcain, noircis par le charbon, et n'ayant sur le corps qu'une blouse en toile grise, d'une couleur analogue à la peau de leur figure, semblables à autant de démons vomis par le Tartare, et venant chercher la victime pour la jeter aux furies!

Tel était le spectacle qui se présentait à notre vue, lorsque le cerf, fatigué de nager, revint par l'instinct de la conservation vers le point d'où il était parti, et se blottit contre le rivage à l'abri de plusieurs chênes. Là il attendit de pied ferme, présentant sa redoutable tête à ses ennemis, les frappant avec les pieds, puis lançant dans les airs ceux qu'il atteignait. Le lieu de cette scène était inaccessible à cheval; il fallait se laisser glisser le long des arbres pour arriver jusqu'au cerf, car le bois taillis était sur une côte. Un des piqueurs et plusieurs chasseurs s'étaient mis à la nage; mais l'animal avait gagné un endroit où ne pouvaient arriver que les chiens. Force fut donc d'aller chercher une carabine, et bientôt ce drame fut terminé.

Pour amener au rivage le corps de l'infortuné cerf, les plus intrépides se mirent à l'eau et le tirèrent jusqu'au bas de la colline. Un nouvel embarras se présentait: comment gravir la colline et traîner après soi ce formidable animal? Mais il n'existe pas d'obstacles pour de vrais chasseurs! Chacun se fit une ceinture de son mouchoir, de son fouet, de ce qu'il put trouver, et l'un traînant l'autre, une chaîne de cinquante pieds de long se forma, une sorte d'échelle vivante qui se mit en marche et eut bientôt hissé le cerf jusqu'au sommet de la colline. Là, au milieu des fanfares, on fit la curée chaude, tandis que les valets de chiens soignaient les blessés.

Le soleil venait de se cacher derrière l'église de Luçay-le-Mâle, le crépuscule éclairait encore la campagne, et la flamme rouge du haut-fourneau de la forge paraissait plus brillante à mesure que la nuit s'approchait.

En ce moment les piqueurs présentèrent aux principaux chasseurs les pieds du cerf; puis tous, s'étant élancés sur leur *brenou*, disparurent au milieu des brandes, et regagnèrent bientôt leur castel.

Un mot sur les anciens haras sauvages du Berri.

Les barbares qui en 732 furent battus par Charles Martel dans les plaines de Tours avaient avec eux une nombreuse et brillante cavalerie.

On sait qu'on ne peut élever aucun doute sur la pureté du sang qui coulait dans les veines des chevaux de leur cavalerie, composée de cavaliers arabes et de Berbères ou Maures [1].

Leur manière de combattre était ce qu'elle est encore de nos jours en Algérie, ce qu'elle était alors pour les guerriers d'Orient, qui, aussitôt ralliés que dispersés, prolongeaient

[1] Voir, entre autres, l'*Histoire de France* de M. Théodose Burette, page 124.

ainsi le combat à l'infini. Après leur défaite, le butin qu'ils laissèrent devint la proie des soldats de Charles Martel, et une grande partie de leurs chevaux restèrent dans le pays, et y propagèrent le sang oriental; plus tard, au retour des croisés, un grand nombre de chevaux arabes vinrent encore régénérer nos races.

Il est donc positif que le sang arabe est entré pur en France: malheureusement il est arrivé dans un moment trop prématuré. Néanmoins les races berrichonnes et limousines s'en ressentirent longtemps. Aussi existait-il autrefois en Berri des chevaux remarquables et bien connus à l'étranger. La preuve de ce que je dis se retrouve chez plusieurs écrivains anciens. Les Anglais eux-mêmes s'étonnaient de nous voir abandonner nos races pour prendre les leurs. Je ne conçois pas, disait lord Pembrok à Bourgelat, la fureur que les Français ont pour nos chevaux, quand je vois vos belles races françaises. De nos jours, Huzard père affirme que nos races de chevaux du Berri étaient supérieures à toutes celles de l'Angleterre à la même époque, en 1600. Cette opinion ne doit pas nous étonner, nous qui sommes les témoins des travaux de nos chevaux, et qui mettons journellement à l'épreuve leur vigueur et leur légèreté. Avant Louis XIV les chevaux français étaient les meilleurs d'Europe; mais ils ne suffisaient pas à la consommation agricole et guerrière de la France, consommation qui augmentait avec l'agrandissement successif du territoire. Le grand roi, comprenant tout le bien qu'il y avait à faire, conçut un vaste plan qui aurait amené l'émancipation de l'*industrie particulière*. Mais ceux qui voufurent appliquer ses idées ou ne furent pas secondés, ou se montrèrent incapables. La France soutint sa supériorité pendant quelques années encore ; mais tandis qu'elle restait stationnaire, nos voisins firent faire des progrès immenses à leur industrie chevaline, et de fautes en fautes nous sommes tombés au degré que nous avons atteint aujourd'hui, impossibilité de continuer et nécessité de reconstruire à nouveau.

A l'époque où je vais transporter le lecteur, la race de nos chevaux, désignée actuellement sous le nom de *brenous*, et qu'on vient nous acheter de fort loin, existait plus vigoureuse encore que nous ne la voyons aujourd'hui, et presque à l'état sauvage. On rencontrait les brenous par troupeaux de cinquante à soixante, ne rentrant dans les écuries de leurs propriétaires que pendant deux ou trois mois, lorsque la neige, qui recouvrait une terre glacée, ne leur permettait pas de trouver une nourriture suffisante ; encore quelques-uns préféraient-ils écarter la neige avec leur pied, et souffrir, plutôt que d'exposer leur liberté en se rapprochant des habitations. Pour ceux-là on avait établi sous de vieux chênes des râteliers qu'on remplissait de foin. Lorsque ces chevaux étaient d'âge à servir, on les prenait avec des cordes qu'on leur jetait autour du cou, et en peu de temps ils devenaient dociles. Vigoureux et sans souffrances, ils n'étaient que sauvages, et, une fois domptés, il suffisait au cavalier de les porter en avant. Les moines, répandus alors en grand nombre depuis l'an 650 dans le pays, avaient enseigné aux habitants à travailler la terre et à utiliser nos immenses terrains par la création d'étangs qu'ils remplirent d'excellents poissons, et où les nombreux troupeaux de chevaux sauvages pacageaient d'une année à l'autre. Mais si cette mesure fut productrice pour les vénérables pères et les grands propriétaires, elle devint aussi une cause de mortalité à certaines époques, lorsque de grandes sécheresses succédaient à la saison des pluies. Le sol d'où se retiraient les eaux pendant l'été engendrait une humidité et des miasmes pernicieux qui décimèrent souvent la population.

En 1350 vivait dans la Brenne un nommé Ambroise, campant tantôt dans un endroit, tantôt dans un autre, comme les muletiers. Ambroise se disait enfant de ces hommes à demi sauvages, non qu'il fût le fils de l'un d'eux, mais il avait été trouvé au bord d'un marchais, au milieu des bois et à l'embranchement de deux chemins, l'un appelé le chemin des Moines, l'autre le chemin des Morts, parce qu'il servait de passage aux morts que l'on portait à l'abbaye de Meobecq.

Le jeune homme avait grandi parmi les loups, les chevreuils et les sangliers. Accoutumé de bonne heure à l'intempérie des saisons, sa constitution était des plus robustes, sa taille au-dessus de la moyenne, ses yeux d'un gris perçant; ses longs cheveux blonds ombrageaient de larges épaules supportant un cou dégagé, ce qui donnait un air noble et majestueux à des traits réguliers et fortement accusés. Ses dents, d'une blancheur éclatante, contrastaient avec sa figure noircie par le charbon. Élevé avec les tireurs de mines et les charbonniers, il était toujours en marche. On l'appelait, comme je vous l'ai dit, Ambroise, du nom de son père adoptif, et on l'avait surnommé le Bâtard des mines, à cause du genre de travail du père Ambroise, tireur de mine.

L'existence monotone du muletier, qui consistait alors comme aujourd'hui à vivre dans les bois et à conduire d'une forge à l'autre le minerai et le charbon, ne convint pas long-temps à Ambroise après la mort de son père adoptif. Aussi l'abandonna-t-il un jour pour se créer une vie nouvelle. Il fut le premier qui passa dans le pays pour posséder sur les loups une puissance surnaturelle. On raconte cent histoires sur son compte, et c'est de lui que date dans la contrée le nom de *meneur de loups*.

Le bâtard des mines était d'une sobriété sans exemple ; adroit chasseur, il tuait à l'affût ce qui était nécessaire à son existence. Un moine, agenouillé dans la forêt, entendait-il une flèche ou une pierre siffler à ses oreilles, c'était une flèche ou une pierre partie de l'arbalète ou de la fronde d'Ambroise. Trouvait-on un chevreuil pris au lacet, on devi-nait aussitôt le passage d'Ambroise. Dans ces temps anciens, le braconnier était puni très-sévèrement ; on se ruait sur lui comme sur un chien enragé ; mais comme on savait qu'Am-broise n'eût pas pardonné à l'imprudent qui l'eût manqué, on évitait de le rencontrer ; et puis, s'il faut tout dire, il avait rendu de grands services à la contrée. Les loups ravageaient-ils une commune, il s'y rendait et chassait les loups. Il gué-rissait de la morsure des aspics et paralysait les effets de la rage. Il possédait la science de remettre les jambes et les bras cassés, science qui lui venait du père Ambroise. Enfin, un jour il avait sauvé un des moines de l'abbaye de Meobecq,

15

attaqué par plusieurs bandits. Certes, toutes ces considérations suffisaient pour le faire respecter. Aussi, plus d'une fois les seigneurs du pays avaient-ils voulu l'enrôler dans leurs compagnies ; mais il n'aimait qu'une vie libre et errante. Ses larges poumons avaient besoin du grand air, et au plus fort de l'hiver il se plaisait à entendre le hurlement des loups qui lui annonçait le combat ; et quand dans une belle nuit d'automne les hennissements des chevaux sauvages frappaient ses oreilles, il comparait son existence à celle de ces fiers animaux, et ceux-ci, comprenant qu'il n'était pas de la même nature que les autres hommes, l'accueillaient au milieu d'eux. Plus d'une fois le jeune poulain assez imprudent pour s'écarter de sa mère aurait trouvé la mort sous la dent meurtrière des loups affamés, sans le secours d'Ambroise le bâtard. Malheur au loup qu'il pouvait saisir ! sa mort était certaine, il l'étouffait dans ses bras.

Ambroise, depuis huit ans, avait quitté sa vie de muletier, et il atteignait sa vingt-quatrième année. Les passions les plus violentes commençaient à bouillonner dans son sein, et un sentiment inconnu jusqu'à ce jour l'attirait malgré lui vers les endroits habités. Il y avait alors dans la commune de Vandœuvres une jeune et belle fille nommée Solange, âgée de dix-sept ans, et promise au fils du métayer de la Berloterie. Un soir d'été, à la brune, Ambroise traversait le bourg. Une énorme peau de loup était jetée sur ses épaules ; il tenait à la main un bâton de houx, et sa capuche retombait jusque sur ses épais sourcils. Les habitants, fatigués par la chaleur de la journée, étaient assis sur le seuil de leurs portes, et les femmes caquetaient bruyamment ; mais à la vue du bâtard des mines chacun se tut. Étonné de ce silence subit, Ambroise s'arrêta. Ses yeux, qui lisaient dans les ténèbres des forêts, et qui épouvantaient les loups, se fixèrent sur la belle Solange, et cette pauvre fille, n'osant se dérober à cet examen, rougit, pâlit, et ses jambes lui refusant tout secours, elle s'affaisa sur le banc de pierre de la maison.

Ambroise vit son trouble, mais il ne le comprit pas d'abord. Seulement le souvenir de Solange le suivit au milieu des bois, et dévoila à ce cœur sauvage le secret d'une félicité nouvelle.

De ce jour il redoubla de soins et de tendresse pour les seuls compagnons qui fussent dignes de son attachement, de ce jour il trouva un charme inexplicable à passer la main dans les crinières ondoyantes de ses cavales ; il aima à sentir contre son haleine la douce chaleur qui sortait de la poitrine des jeunes poulains, et il se surprenait à les embrasser.

Il eût été beau de voir ce jeune colosse, le front courbé sur les reins d'un coursier sauvage, et recevant les caresses d'un troupeau entier d'amis, semblant lire dans son âme et lui demandant un regard et un sourire.

Trois mois s'étaient écoulés depuis la visite d'Ambroise au bourg de Vandœuvres, et celui-ci, monté sur un de ses coursiers sauvages, galopait à travers les brandes de la Berloterie, des Feuillus et du Guai-la-Fond.

Un son aigre et d'une harmonie champêtre frappa soudain ses oreilles. Des cris de joie, des danses, vinrent se mêler à ces premiers sons et lui apprirent que ce jour était un jour de bonheur pour les habitants de la Berloterie. Sans se rendre compte de ce qu'il faisait, et cédant à un vague instinct, il poussa son coursier vers le domaine témoin des plaisirs de la commune; mais bientôt il a tout vu, tout compris..... un froid glacial s'empare de son être..... le cheval frémit à la vue du spectacle inaccoutumé qu'il veut fuir; mais en vain, car Ambroise l'étreint dans ses jambes et le retient immobile à sa place. Tout à coup un cri de terreur se fait entendre, et une jeune fille tombe évanouie.

Aussi rapide que le lion guettant sa proie, le bâtard lance son coursier sur l'assemblée, renverse ce qui s'oppose à son passage, et, d'une main appuyé sur la crinière de son cheval, de l'autre enlevant la jeune Solange, il s'élance à travers les brandes, et disparaît avec le trésor dont il vient de s'emparer.

Ce qui se passa pendant les deux années qui suivirent cet enlèvement est resté un mystère. Le fiancé de Solange mourut de chagrin, et les frères de la victime cherchèrent vainement à retrouver les traces du ravisseur.

Par une de ces belles nuits d'été, si douces pour ceux qui sont heureux, si tristes pour les cœurs qui souffrent, on dit qu'un homme pâle, les joues creuses, les yeux éteints par les pleurs, frappa à la porte du presbytère de Vandœuvres; le curé tressaillit à son aspect et recula involontairement. Mais l'homme lui fit signe de le suivre, et le prêtre obéit.

Après trois heures de marche, en suivant les détours d'un sentier étroit et bordé de ronces, le pasteur arriva au bord d'une prairie émaillée de fleurs, à l'extrémité de laquelle

s'élevait une cabane. Un troupeau de chevaux sauvages l'entourait et en barrait l'entrée. Sur un geste de leur maître, ils se retirent, et le prêtre pénètre dans la demeure rustique. Une femme jeune et belle, tenant un enfant dans ses bras, est étendue sur un lit de mousse ; elle semble en proie à la douleur. Le saint prêtre l'interroge, et s'aperçoit que l'enfant est mort. Il a reconnu Solange, et il voit que la malade se débat aussi contre le trépas.

— Enfants, dit-il, espérez en la bonté de l'Être suprême ! Ambroise, à genoux ! et donnez votre main à votre épouse : Dieu a retiré du monde le fils du métayer de la Berloterie.

À ces mots le bâtard des mines, comme s'il se réveillait en sursaut, s'écrie : — Sauvez-la ! sauvez-la !

— À genoux, répète le prêtre avec autorité ; puis les bénissant tous les deux, il les marie.

Mais Solange, accablée par la mort de son enfant, et épuisée par cette nouvelle émotion, exhale son âme dans un dernier soupir.

Ambroise se lève :

— Mon père, dit-il au prêtre, retournons au presbytère, et que demain, à la pointe du jour, tout soit prêt pour la cérémonie funèbre.

Le lendemain, à dix heures, on sonnait les glas, et les habitants de la paroisse, précédés de leur pasteur, se rendaient processionnellement à la cabane du bâtard des mines.

Ce dernier attendait le cortège à l'entrée de la forêt ; il le conduisit à sa demeure et s'agenouilla au pied du lit de mousse.

La cérémonie commença, et le chant des morts retentit dans tous les échos de la forêt. Solange et son enfant furent déposés dans le cercueil ; pendant ce temps Ambroise, toujours à genoux, le front appuyé sur la terre, paraissait insensible à tout ce qui se passait autour de lui. Le prêtre s'approcha du malheureux, et lui dit en élevant la main vers le ciel :

« Vous la retrouverez un jour. Du courage, Ambroise ! Dieu est grand ; il aura pitié de vous ! »

Le saint homme était exaucé. Dieu avait eu pitié du bâtard des mines... Ambroise était mort.

Depuis ce jour on appela l'étang de la forêt des Brosses, que vous voyez à cinquante pas du chemin des Morts, l'étang du Bâtard des Mines, et pendant plus d'un siècle ce lieu fut préféré par les nombreux troupeaux de chevaux sauvages qui peuplaient alors les forêts de la Brenne.

TROISIÈME PARTIE.

Introduction des chevaux anglais en France et établissement des postes.

Ce fut en 1607 que les chevaux de course anglais parurent en France pour la première fois, et ce fut un nommé *Quinteret* ou *Quitterot* qui les y amena. Ce qui a été cause, dit Bassompierre, tome 1ᵉʳ, *que l'on s'est servi de chevaux anglais, tant pour la chasse que pour aller par pays : ce qui ne s'usoit point auparavant.*

Comme dans ce temps on jouait à la cour un jeu énorme, et qu'il fallut imaginer pour le jeu de nouvelles marques, ces marques, ajoute l'auteur que nous venons de citer, dont les moindres étaient de cinquante pistoles, se nommaient *quinterotes*, *à cause qu'elles alloient bien vites*, *à l'imitation de ces chevaux d'Angleterre*.

Mais ces chevaux ne plurent pas à la noblesse, accoutumée aux allures raccourcies du manége; ils plurent encore moins aux écuyers, dont le patriotisme éclairé voulait qu'on entretint nos races, qu'on les perfectionnât, plutôt que d'aller se monter à l'étranger.

Maintenant le cheval arabe et le cheval anglais occupent tous les esprits. Les camps se divisent assez également, mais les plus sages doivent désirer les producteurs des deux espèces.

En désignant le *cheval Percheron* comme le premier cheval de service, je le désigne aussi comme le cheval qui se rapproche le plus du type jusqu'ici introuvable, propre à tous les usages. Il suffirait d'augmenter un peu sa légèreté, sans lui ôter sa force, et le problème serait résolu à la satisfaction de tous. Je sais qu'on ne contenterait pas encore les partisans du cheval léger convenable à tous les services, mais ce dernier cheval n'a d'existence que dans l'imagination de ceux qui, voulant le créer, détruiraient nos plus belles races, pour y substituer des haridelles.

Les postes, dont le cheval Percheron est le premier et le plus solide agent, en même temps qu'il en est l'ornement, les postes furent établies sous Henri II. C'est à *Brusquet*, son fou, qu'est due leur création.

Il obtint du roi son maître d'établir une poste à Paris : « Car, dit *Brantôme*, il n'y avoit pour lors encore point de

« coches, de voiture ny chevaux de relays comme il y en a
« pour le jourd'huy. » (Brantôme, *Vie du maréchal Strozzi.*)

L'auteur dit avoir compté à Brusquet jusques à cent chevaux de poste ; aussi ce bouffon se donnait-il par plaisanterie le titre de *capitaine de cent chevaux légers.*

Depuis cette époque jusqu'à nos jours, le service des postes a pris chez nous un accroissement prodigieux ; c'est aujourd'hui le service le mieux fait de l'Europe.

Qu'on me permette un instant de quitter les chevaux et de parler des hommes qui sont appelés à diriger le travail important de la régénération de l'industrie chevaline.

Les employés supérieurs qui s'occupent de ces graves questions sont-ils réellement capables de les conduire à bonne fin ? Je ne veux faire allusion à personne ; mais le mode qui amène l'homme au pouvoir est odieux, impolitique et désastreux. Ne croyez pas qu'on s'adresse à l'homme de travail et de conscience, qu'on choisisse celui dont le front a pâli dans l'étude des questions chevalines. Non : une autre considération détermine le choix des ministres, *l'influence politique du postulant.* Peut-on faire l'appoint d'une majorité ministérielle, peu importe alors qu'on possède ou non la science. Ce n'est pas un homme capable, éclairé, instruit, qu'il faut récompenser, c'est un souteneur de ministère dont il faut payer le dévouement ; et l'homme laborieux de s'écrier comme Figaro : « Le désespoir m'allait saisir ; on
« pense à moi pour une place ; mais par malheur j'y étais
« propre, il fallait un calculateur, ce fut un danseur qui
« l'obtint. »

J'ai entendu parler vaguement de la création possible d'une école nationale d'équitation et de haras. Tout le monde la demande, mais il faudrait qu'elle fût digne de la France.

D'un côté je vois le ministère de la guerre adopter le système d'un écuyer, avec autant de feu qu'on en a mis d'abord à adopter le pur-sang anglais. Maintenant on est sur le point de rejeter le pur-sang anglais pour recourir au cheval arabe ; peut-être un jour reviendra-t-on à l'école ancienne !

Une grande et magnifique pensée est venue souvent caresser mon imagination dans mes rêves. Je me figurais l'école d'Alfort dirigée par un écuyer vétérinaire, et tous les professeurs écuyers vétérinaires. Je ne m'arrêtais pas à cette école et j'allais plus loin : je rêvais que les directeurs des haras étaient tous écuyers ; puis, portant mes regards encore plus haut, je voyais que les inspecteurs généraux des haras étaient tous des écuyers formés à l'école nationale. Enfin, j'arrivais à un chef chargé de toutes les écoles vétérinaires de France et de tous les haras : je le voyais ayant entre les mains l'avenir hippique du pays, et se glorifiant du succès de tous les écuyers vétérinaires employés du gouvernement, et sortis des trois écoles vétérinaires de France.

Les écuyers alors avaient un avenir, le sort des médecins vétérinaires s'améliorait, et les étrangers venaient admirer une œuvre immense qui n'existe nulle part.

Quels n'étaient pas les bienfaits que produisait une semblable institution ! Parmi les médecins vétérinaires, les uns sortaient des écoles et entraient dans les régiments pour ré-

pandre l'instruction équestre et pratiquer la science médicale ;
les autres, de retour dans leur département, donnaient aux
propriétaires *le goût des chevaux* qu'ils dressaient sans cesser
de rendre les mêmes services qu'aujourd'hui.

Ce rêve sera une vérité quand le gouvernement sera assez
fort pour lutter avec avantage contre les caprices et l'ambition de nos députés affamés de portefeuilles, de places et
d'honneurs !

Les médecins vétérinaires de l'armée.

Albert Cler[1] a voulu s'amuser aux dépens de quelques vétérinaires maquignons qui exploitent la crédulité de certains badauds parisiens assez sots pour ne pas savoir distinguer, parmi MM. les vétérinaires, l'homme réellement savant et probe d'avec celui qui n'est ni l'un ni l'autre.

Voici un chapitre qui n'a aucun rapport avec cette classe d'individus stigmatisés par l'auteur de la *Comédie à cheval.*

[1] Page 138 de la *Comédie à cheval.*

M. le ministre de la guerre, comprenant le rôle important des médecins vétérinaires de l'armée, vient d'améliorer leur position, et leur fait espérer pour l'avenir de nouveaux avantages. Cette mesure recevra l'approbation de tous les gens sensés.

Parmi les hommes utiles au pays, je n'en connais pas qui puissent rendre plus de services que MM. les médecins vétérinaires [1]. Appelés par leur genre d'études à concourir à la prospérité des principales branches de commerce et d'agriculture, ils font preuve, dans la vie militaire comme dans la vie privée, d'un égal dévouement et de connaissances très-grandes.

A l'âge de quatorze ou quinze ans, un jeune homme de bonne et honnête famille, souvent même fils d'une célébrité du barreau ou d'un employé du gouvernement, se présente à l'examen d'une des trois écoles de France, Alfort, Toulouse ou Lyon. Il suit les cours de professeurs habiles. Ces cours comprennent la connaissance approfondie du cheval, tant extérieure qu'intérieure, les maladies internes et externes, leur traitement, et la manière de composer les remèdes, etc., etc. Cette étude embrasse également la connais-

[1] Une découverte, qui aura pour la France les plus heureux résultats, vient d'être faite par deux anciens élèves de l'école d'Alfort, MM. Thiébault et Morisset. Ces Messieurs ont trouvé un remède infaillible pour la guérison du farcin, même arrivé à son état le plus critique. On sait que cette maladie enlève annuellement à la France pour plusieurs millions de chevaux. Cette découverte intéresse donc l'armée, l'agriculture et le luxe : le gouvernement restera-t-il simple spectateur des essais de ces Messieurs, et ne leur fera-t-il pas de grands avantages pour donner à leur traitement le plus d'extension possible?

sance et le traitement de tous les animaux domestiques, tels que les bêtes à cornes et les bêtes à laine, etc., etc.

Lorsque ce jeune homme termine ses études, il a le choix entre la carrière militaire et la carrière civile.

Les plus studieux préfèrent celle des armes, qui leur permet une pratique journalière, et comme les élèves pour la plupart ne sont pas riches, le plus grand nombre fait son temps de service militaire plutôt que d'acheter un remplaçant.

Fondé dans le régiment, le jeune vétérinaire se livre avec zèle à la surveillance des chevaux, il les traite et les étudie tout à la fois.

Le vétérinaire militaire rend journellement des services aux officiers; il les fréquente du matin au soir; il vit avec eux tous en véritable camarade, comme s'il faisait partie de cette brillante famille. Malheureusement ce n'était jusqu'à ce jour qu'un songe pour celui qui, choyé, fêté par tous, ne pouvait aspirer à devenir l'égal du soldat que son courage ou son ancienneté conduit au grade d'officier : et cependant le médecin vétérinaire, homme instruit et courageux, s'expose comme le simple soldat le jour du combat.

Aussi, le jeune vétérinaire ne considérait-il le temps qu'il passait au régiment que comme un temps d'étude et d'expérience ; la ville de garnison était pour lui l'amphithéâtre de dissection et de travaux de clinique. Il avait huit cents chevaux à surveiller ; son infirmerie était peuplée de sujets sur lesquels il expérimentait et acquérait la science pendant son temps de service.

17

Les meilleurs vétérinaires, ceux d'un talent reconnu, ne restaient pas dans les régiments : ils les quittaient pour aller se fixer en province ou à Paris. Si parfois on trouvait un bon vétérinaire dans l'armée, on pouvait alors admirer cette nature d'hommes exceptionnels, guidés par la conscience et par un patriotisme peu ordinaire. Mais pour qu'une pensée de lucre n'entrât pas dans l'esprit du vétérinaire militaire, il fallait qu'il ne fût pas marié et qu'il n'eût pas d'enfants, car le mariage lui imposait des obligations dont il était l'esclave.

Si l'on compare entre elles la vie militaire et la vie civile des vétérinaires, on verra que la première est une vie de labeurs et de dévouement, tandis que *souvent* celle des vétérinaires de province est une vie de vrai sybarite. Un cheval ou deux composent son écurie ; un cabriolet lui permet de se reposer des fatigues d'une course à cheval ; il part toujours avec la certitude d'être bien reçu ; et sa femme dort tranquille, car elle sait que tous les fermiers des environs sont intéressés à le choyer ; elle craint plutôt qu'on le traite trop splendidement, et qu'il devienne chez lui plus difficile de jour en jour. Il est le sauveur des fermiers dans les épizooties. Le propriétaire lui fait goûter de son meilleur vin ; il n'est pas un château où il ne soit le bienvenu ; c'est lui qui traite les chevaux anglais, arabes, Percherons, etc., etc., des propriétaires du canton.

Maintenant jetons les yeux sur MM. les médecins vétérinaires de Paris : que voyons-nous ? des hommes laborieux, instruits et honorables, qui se font, par la pratique de leur art, de 10 à 40,000 francs de revenu ; tandis que le vétérinaire de l'armée se fait de 15 à 1800 francs, et reste dans une position secondaire.

Quelle différence, je le demande, y a-t-il entre l'honneur d'exercer dans une ville et l'honneur d'exercer dans un régiment? Aucune, assurément. Mais on voit de quel côté est l'avantage. L'armée peut-elle alors conserver de bons vétérinaires?

Nous n'avons pas l'intention d'éclairer le pouvoir, assez instruit déjà de tout ce que nous traçons ici, mais nous venons joindre nos félicitations à celles des amis de la justice. M. le ministre de la guerre a compris l'équité des réclamations de MM. les médecins vétérinaires militaires, et il l'a prouvé en améliorant leur sort dans l'armée. Il a agi sagement et avec justice; dorénavant le médecin vétérinaire prendra son rang après le dernier des sous-lieutenants, et sera *officier*. L'avancement, comme on voit, est peu élevé, mais il l'est beaucoup comparativement au passé. Espérons que cette tardive mesure n'est que le prélude d'une organisation nouvelle.

Un mot sur les marchands de chevaux et les maquignons

Je demanderai d'abord ce que l'on entend par le mot maquignon ? Albert Clerc nous apprend que « ce mot ne se « prend plus qu'en mauvaise part, et s'entend de ceux qui « font métier de tromper. » On l'a remplacé, dit-il, par le mot « marchand de chevaux ; ce n'était vraiment pas la peine « de changer. »

Maintenant que nous connaissons la signification du mot maquignon, hâtons-nous de dire que le mot marchand de chevaux signifie honnête négociant (en chevaux), et que

celui-ci reçoit le nom de maquignon lorsqu'il fait métier de tromper en vendant de mauvais chevaux comme bons, ou en falsifiant ses comptes.

Les maquignons se rencontrent dans tous les pays, dans tous les états, dans toutes les positions, en un mot, partout où se fait un commerce quelconque. Nous avons des maquignons en politique, qui trafiquent des places, des rubans, de l'argent, etc., etc. Il ne faut pas se dissimuler que notre époque est atteinte et convaincue de maquignonnage, et je ne sais pourquoi on accable plus particulièrement les marchands de chevaux. Je ne connais pas d'état plus pénible et moins lucratif. Si les jeunes gens qui achètent savaient mieux ce qui leur convient, s'ils ne cherchaient pas eux-mêmes à priver le marchand d'un gain licite, celui-ci les contenterait de son mieux, je dis de son mieux, car il ne peut pas faire toujours ce qu'il veut.

Le mot *maquignon* seul doit être pris en mauvaise part ; il est loin d'être synonyme de marchand de chevaux. J'ai connu,

et je connais encore, de très-honorables marchands de chevaux qui ne trompent jamais leurs pratiques. Ils sont obligés de tirer parti de tous les chevaux qu'ils ont ; il faut qu'ils les placent. Ils doivent faire des mécontents. Encourageons donc de tous nos efforts ces hommes qu'on appelle marchands de chevaux, et qui cherchent à faire honneur à leurs affaires, n'y parvenant souvent qu'après beaucoup de fatigues, de pertes et de tribulations.

L'opuscule d'Albert Cler ne pouvait, sous plus d'un rapport, passer inaperçu dans le monde équestre. Il est de certaines œuvres qui ne disparaissent jamais de la scène littéraire. Dans vingt ans on consultera ce miroir des ridicules du monde équestre, et on rira d'aussi bon cœur qu'aujourd'hui. Les dandys du jour, frappés des ridicules des dandys leurs successeurs, diront en riant : *Voilà comme j'étais dimanche* ; et lorsqu'ils ne seront plus là pour le dire, Albert Cler le dira encore.

Voici une piquante critique sur un certain monde fashionable qui ne comprend que la mode, et n'admet aucune autre divinité; ce sera la dernière citation que nous emprunterons à ce charmant petit livre.

« Nous avons expliqué comment, de nos jours, la mode « règle tout dans la fashion équestre, la tenue à cheval, la « manière de conduire ses chevaux, l'emploi ou l'abandon « des auxiliaires indispensables des cavaliers, tels que la cra- « vache et les éperons. Ce n'est pas seulement l'homme, « mais encore le-cheval, qui doit subir toutes les exigences et « tous les caprices de la fantasque divinité; ceci n'est point « une exagération; suivant les variations du goût, les dandys « commandent aux éleveurs des chevaux longs ou ramassés, « forts ou légers, de même qu'ils commanderaient à Blin, à « Schwartz ou à Humann d'allonger ou de raccourcir les « basques de leurs habits. Ils prétendent changer la coupe « d'un cheval sans plus de façon que la forme d'un gilet. »

L'auteur de la *Comédie à cheval* peut se consoler; dorénavant il n'y aura plus qu'une espèce de chevaux, *le cheval propre à tous les services*. Ainsi le dandy, le militaire, le roulier et l'agriculteur auront un cheval qui pourrait convenir à chacun d'entre eux; tout individu qui se trouvera embarrassé aura la ressource d'emprunter un cheval à son voisin ou au premier charretier qu'il rencontrera.

En Allemagne, on trouve, dit-on, cette merveille, et on veut la transporter en France. Les Anglais ont bien des chevaux propres à chaque service, ce qui admet encore plusieurs races; à nous il n'en faut qu'une, car il serait trèsnational de prouver à la perfide Albion qu'elle n'y entend absolument rien, et qu'on peut réunir les qualités de toutes les différentes races sur une seule.

La remarque que les chevaux de poste et de roulage sont plus légers en Allemagne qu'en France n'est pas restée inaperçue à nos économistes politiques, qui sont partis de là pour tirer de magnifiques plans, superbes en théorie, mais désastreux en pratique. Améliorez vos routes, disent-ils, les chevaux auront moins de tirage, il vous sera donc possible de vous servir de chevaux moins forts. Changez le mode de voiture, le tirage sera moins considérable, et vous pourrez diminuer la force du moteur, c'est-à-dire de vos chevaux. A entendre les *prôneurs du cheval léger propre à tous les services*, on finirait par créer une race un peu plus forte que la race limousine ; et cette nouvelle race remplacerait, le boulonnais, le percheron, le morvandais, le breton, le poitevin, le berrichon, etc., etc., et si une guerre se déclarait avec nos voisins, la nation n'aurait plus rien à craindre : on détellerait les chevaux de labour, les chevaux de poste, voire même les chevaux de roulage, et on partirait ventre à terre pour la frontière, à temps, j'en suis certain, pour empêcher les étrangers de fouler de nouveau le sol français. Vous concevez avec quelle promptitude on volerait à la défense de la patrie ; mais que feraient nos voisins pendant la métamorphose générale de nos forts et magnifiques chevaux ? Ils seraient assez simples, messieurs les utopistes, pour continuer leurs achats en France, et pour nous enlever nos percherons, nos bretons, nos boulonnais. Ce qui ne les empêcherait pas d'avoir des chevaux pour nous faire la guerre, mais ce qui leur ouvrirait une nouvelle source de richesses, et nous priverait d'une de nos plus belles branches de commerce.

Laisser en France nos races de gros chevaux, en augmenter le nombre, ce qui sera avantageux pour le commerce, et chercher, dans toutes nos races en général, à obtenir la perfection que chacune d'elles peut atteindre ; former en outre un cheval de cavalerie, ce qui regarde particulièrement l'administration de la guerre ; tels sont les bons principes.

Ce qui ne sera pas un obstacle à l'amélioration des routes, et à la substitution dans certains pays du *chariot par la charrette*, si on juge cette mesure nécessaire.

Je désire que les hommes du pouvoir livrent cette opinion au jugement des étrangers, avant d'adopter le plan d'un système favorable *au cheval propre à tous* les services, et si la réponse n'est pas conforme aux idées que j'émets, qu'ils défendent au moins l'exportation de nos races à l'étranger. Ils verront alors nos voisins acheter au poids de l'or tous les chevaux qui pourront échapper à la surveillance de la douane.

C'est aujourd'hui avec nos races que nos voisins cherchent à donner de la force et des formes arrondies à leurs poulinières, et pendant ce temps nous détruisons ce qui fait notre richesse et leur envie !

**Le Jockey-Club. — Les Courses. — Le cheval arabe.
Le cheval anglais.**

Le Jockey-Club fut fondé en 1833 par lord Henry Seymour,
MM. Fasquel, le major Frazer, le chevalier Machiado, de
Cambis, Rieussec. Ce club jouit à l'étranger d'une très-grande
réputation, et le jeune voyageur qui se présente en Allemagne
ou en Angleterre sans être muni de sa carte de membre du
Jockey-Club, court risque d'être jeté *moralement* à la porte du
salon, du prince et de la princesse de ***, du marquis ou
du comte de **. Je n'oublierai jamais l'effet fâcheux que

produisit en Allemagne un de mes amis en déclarant qu'il n'avait pas l'honneur d'en faire partie.

Je dois reconnaître que ce club a rendu de véritables services à la science hippique en donnant à certains propriétaires le goût du cheval. On peut lui reprocher néanmoins sa partialité pour le cheval anglais; mais comme le Jockey-Club est censé être la doublure du sport anglais, il n'eût pas été de bon ton de créer une rivalité aux chevaux de ce pays.

Que messieurs les membres du Jockey-Club ne craignent pas d'encourager activement les chevaux de toutes races, ou plutôt de tous services ; en un mot, qu'ils deviennent les défenseurs du cheval de course, de guerre, de roulage, d'agriculture, etc., etc.; alors leur rôle et leur influence deviendront d'une utilité incontestable.

Parmi les importations en France des usages anglais, nous signalerons le *steeple chase*, ce genre de course qui est la terreur des mères de famille, mais en même temps une des belles créations du véritable gentleman !

Une course au clocher n'est pas une partie de plaisir indifférente, car il faut y apporter une science véritable, science positive pour le cavalier instruit, instinctive chez le cavalier de la nature. Tant vaut l'homme, tant vaut la terre, dit le proverbe; on peut dire avec non moins de raison : Tant vaut le cavalier, tant vaut le cheval.

Voyez ces intrépides cavaliers franchissant barrières et fossés, arrivant sur les obstacles avec le coup d'œil exercé d'un mécanicien qui sait calculer la force qu'il doit transmettre à sa machine pour qu'elle parcoure sa distance en un temps donné et selon la puissance de locomotion dont elle est douée. Voyez-les mesurer le degré d'impulsion qu'ils doivent donner au cheval pour qu'il n'arrive pas essoufflé sur l'obstacle, et qu'il puisse le franchir sans effort !

Le coureur qui ne règle pas son cheval au départ, qui ne le prévient pas deux cents pas à l'avance, qui use les forces de sa monture dans les terres labourées ; en un mot, qui ne rend pas le moins défavorables possible les difficultés qui s'opposent à la vitesse, celui-là peut arriver au but ; mais quelle différence si son cheval eût été monté par le véritable coureur !

Je ne viens pas ici m'établir en censeur de cabinet, critiquant, le compas à la main, mais je parle en cavalier qui a éprouvé les chances périlleuses du sport, qui, sous ce rapport, a reçu autant de leçons qu'un autre, et qui a cherché et qui cherche encore les difficultés ; car la science est si vaste, qu'en y consacrant la vie toute entière d'un écuyer, on ne parvient pas à les approfondir.

C'est à lord Henry Seymour que l'on doit le développement qu'ont reçu les courses en France. Avant lui on ne savait pas faire courir comme on le sait aujourd'hui. Aussi pendant longtemps les succès constants de cet habile éleveur ont-ils jeté le découragement parmi les propriétaires. Mais le jour est enfin venu où les chevaux du duc d'Orléans l'ont emporté sur les siens.

Aujourd'hui lord Henry Seymour jouit du prix de ses travaux, il sait que ses concurrents sont ses élèves : une nouvelle défaite n'est donc pas pour lui un échec, mais en quelque sorte un nouveau succès.

Parmi les célébrités du Jockey-Club, nous pourrions citer tous ces hardis coureurs, MM. de Vaublanc, de Makensie, Grives, de Normandie, Edgard Ney, etc., etc., et son président M. le prince de la Moscowa, qui ne manque jamais l'occasion d'élever la voix en faveur des questions hippiques.

Les courses de toute nature ont un grand but d'utilité, et je suis fâché de les voir attaquer par les hommes les plus versés dans la science hippique. Ce sont elles qui attirent l'argent des grandes fortunes, non-seulement françaises, mais étrangères. L'homme riche qui fonde un haras pour se mettre à la mode dépense son argent utilement. Il serait bon que le Jockey-Club mît aussi à la mode les haras de chevaux de cavalerie, comme il y a mis les haras de pur-sang.

S'il est vrai que nos riches propriétaires n'élèvent pas de chevaux pour gagner de l'argent, mais qu'ils ne sont mus que par des considérations d'honneur et de réputation, c'est au Jockey-Club qu'il appartient de donner l'exemple.

Qu'on ne vienne pas me dire que je pars d'un principe faux, que le projet de régénérer la race chevaline par le pur-sang d'outre-Manche entre seul dans la pensée des fondateurs du Jockey-Club. Je ne crois pas que telle soit leur idée, j'ai meilleure opinion de leur science : quant à moi, je suis d'avis que le sang arabe, le sang anglais, dont l'origine est la même, doivent se partager la France en diverses zones, et qu'aucune de ces divisions ne peut exclusivement adopter une de ces deux races en proscrivant l'autre, que toutes deux enfin ont leur utilité, ainsi que le trois quarts de sang, le demi-sang, le quart de sang.

Continuons nos observations sur les courses.

Il paraît positif que le système de l'entraînement des chevaux de course est vicieux, qu'il laisse des traces souvent irréparables sur les chevaux ; mais il serait possible de le modifier. La science attend un régénérateur de ce système, et les vices qu'on reproche au mode actuel ne doivent pas arrêter une mesure d'encouragement général qui, selon beaucoup de gens instruits et raisonnables, concourt à la prospérité chevaline.

Je trouve tout naturel que M. Hamon, encore ému des magnifiques résultats dont il a été témoin en Egypte, se pose actuellement en réformateur ; il en a le droit comme praticien et comme théoricien ; je l'approuve surtout sous un point de vue, celui d'éclairer les hommes du pouvoir, et je partage une grande partie de ses opinions ; seulement il parle trop en faveur de l'un, et ne tient pas assez compte de l'autre.

Au premier rang des contes arabes qui circulent parmi nous, figure la spirituelle anecdote qu'Albert Cler reproduit dans sa *Comédie à cheval*, page 77.

Il s'agissait d'éprouver la vigueur et la vitesse des chevaux arabes contre celle des chevaux anglais. Inutile de dire que le pur-sang anglais fut battu, sifflé, berné, etc., etc., et que les Arabes font encore aujourd'hui des gorges chaudes sur les squelettes anglais, quadrupèdes et bipèdes, bien entendu.

Que Dieu nous préserve de pareils usages! s'écrient les
Bédouins! Je partagerais leur indignation si je ne savais
comment en Arabie on *entraîne les chameaux*.

« Les chameaux que l'on veut rendre vites, sobres et durs,
« sont préparés d'avance, et suivent à peu de chose près le
« mode usité en Angleterre pour les chevaux de course; c'est-
« à-dire que le *principe* est le même. On attache à un poteau
« le chameau destiné à la course; et là, ainsi fixé par la tête,
« il reste plusieurs heures de suite, et cet exercice est répété
« pendant quinze ou vingt jours. Non-seulement il est retenu
« par la tête, mais bien aussi par les jambes, et de gros liens
« lui passent sur les reins et viennent se fixer à terre; de
« sorte qu'il ne peut faire un mouvement sans de terribles
« efforts. On le couvre alors de poids de toutes les espèces,
« de couvertures, etc., etc. Pendant ce temps le chameau
« est dans un état de souffrance difficile à décrire; il souffle
« et rend la chaleur par la bouche et les naseaux; un feu

« inaccoutumé le dévore intérieurement. Ce supplice dure
« souvent trois semaines, pendant lesquelles il est soumis à
« la plus extrême sobriété. »

Qu'en résulte-t-il ? une grande maigreur, et, selon les
Arabes, plus de vitesse.

La seule différence importante qui existe entre l'entraînement du chameau et l'entraînement du cheval de course anglais, c'est que l'Européen trouve inutile de lier les pieds de
son cheval pendant la dure épreuve qu'il lui fait subir.

Maintenant, si vous prenez en Angleterre un cheval à la
poitrine large et profonde, aux naseaux enflammés, aux yeux
de feu et aux jarrets d'acier, aux flancs pleins, mais soutenus
par de belles hanches un peu rondes, que reconnaîtrez-vous
dans ce modèle ? Vous reconnaîtrez un nedjis dispos, impatient, frappant du pied la terre, hennissant avec force, s'agi-
tant, se tourmentant, etc., etc.; et vous trouverez de plus une
taille majestueuse et un digne rival du nedjis véritable, qui sera
fier, je vous en réponds, de reconnaître pour son fils l'animal
que je viens de dépeindre.

Et que le père quitte ses sables brûlants, qu'il vienne dans
le pays brumeux de son fils, où l'homme et la nature se dis-
putent la création, où le génie anglais a su faire, d'une contrée
plate et monotone, un véritable Eden ; qu'il vienne, et vous
verrez ce nedjis si admirable saluer son fils bien-aimé, et
être fier de l'admettre pour concourir avec lui à la régénération des races.

Le cheval arabe doit, il est vrai, occuper le premier rang
parmi les chevaux ; c'est le père de toutes les races. Il sort

parfait des mains de la nature, tandis que l'on reconnaît dans les autres la part de l'homme.

Mais doit-on recourir au premier type de la race chevaline pour régénérer tous les chevaux? Je ne le pense pas; je crois qu'il faut au contraire prendre dans les conformations qui se rapprochent le plus de la race du cheval qu'on veut régénérer, et de celle du cheval arabe; d'où naît à l'instant l'emploi du quart de sang, du demi, du trois quarts de sang.

Si donc on veut trop tôt régénérer sans que le sujet soit disposé à recevoir, on recule plutôt qu'on n'avance, car on obtient un produit décousu, qui n'est bon à aucun service;

tandis qu'en procédant avec gradation on marche à coup sûr.

J'ai vu un haras magnifique où l'on suit le système de régénérer par le pur arabe. Qu'en résulte-t-il? des chevaux qui ressemblent à de mauvais chevaux anglais.

J'ai vu un autre haras où le pur-sang arabe n'est donné qu'à certaines conformations, et où l'on obtient des résultats extraordinaires. Il y a plus, on est parvenu à créer une race qui a son type; tandis que dans l'autre haras il est impossible de classer les deux cents espèces de chevaux que j'y ai vus.

Cette question est trop importante pour que je cherche à la développer ici; mais j'étais bien aise de la signaler aux hommes spéciaux, afin qu'ils y réfléchissent et se préparent à présenter des raisons à l'appui de ce que j'avance, ou des objections sérieuses.

Cette phrase de M. Hamon : « Recourir au sang anglais « pour composer les races dont nous avons besoin, c'est « comme si un orfévre, pour faire des bijoux sans alliage, se « servait d'un or auquel un premier ouvrier aurait déjà uni « du cuivre, » ne me paraît nullement juste; c'est un sophisme, et rien de plus.

Il est positif que pour faire un bijou sans alliage, on ne peut recourir à de l'or auquel on aurait uni du cuivre. De même pour faire un cheval pur-sang arabe, on ne peut recourir au sang anglais; ceci est fort clair.

Mais quand il s'agit de faire un bijou de luxe pour la petite propriété avec une matière où il entre déjà beaucoup de cuivre, que de bijoutiers regarderaient à y joindre de l'or! Ne préféreraient-ils pas livrer au public un bijou avec alliage, qu'aucune quantité d'or ne pourrait rendre pur, et garder leur or pour des bijoux qui en vaudraient tout à fait la peine?

La comparaison de M. Hamon, qu'Albert Cler appelle pittoresque, peut l'être en effet; mais elle ne me paraît pas juste, et *elle est dangereuse* en ce qu'elle pourrait fausser le jugement des hommes qui ne vont pas au fond des choses. J'en demande pardon à M. Hamon, dont les intentions sont bonnes, dont les vues sont grandes et généreuses, mais qui frappe trop sur une race appelée encore longtemps à rendre à la France des services importants.

Le cheval anglais convient mieux à certaines natures que le cheval arabe, comme passage, comme transition. C'est la construction et le sang de la jument qui doivent guider l'éleveur.

J'ai obtenu des produits extraordinaires de juments berrichonnes avec un cheval irlandais de trois quarts de sang, nommé *Prince*, et qui est en ce moment dans le haras du comte Maximilien de Béthune-Sully, où chacun peut admirer ses produits [1].

Dans tous les haras que j'ai visités, cette vérité m'a toujours frappé : Le pur-sang arabe ou anglais ne peut être donné directement; il faut, pour obtenir une amélioration, procéder graduellement.

---

[1] M. le comte de Béthune-Sully fait en ce moment concurrence à l'administration des haras, qui a refusé de lui primer ce cheval irlandais de première beauté et d'une grande valeur. Les résultats qu'il a déjà obtenus sont très-remarquables et bien supérieurs à ceux qui proviennent des étalons de la station du gouvernement.

Cheval percheron.

Le cheval percheron peut nous consoler des résultats obtenus par nos voisins. Certainement nos autres races de chevaux se distinguent aussi par de brillantes qualités, mais aucune d'elles ne réunit ce que l'on trouve dans le cheval percheron proprement dit : légèreté, force, beauté, durée, qui font de lui le premier cheval du monde comme cheval de service.

J'ai vu souvent des chevaux percherons faire quatre-vingts, cent, et jusqu'à cent vingt kilomètres par jour, sans fatigue, et répéter ces courses tant qu'il plaît à leur maître [1].

[1] Je puis citer comme exemple deux chevaux percherons appartenant à M. le marquis de Barbançois, qui parcourent des trajets semblables depuis cinq années.

On sait qu'un percheron employé au service de nos postes fait par jour soixante et soixante-dix kilomètres, souvent au train de quatorze kilomètres à l'heure.

J'avais une petite jument croisée bretonne et percheronne avec laquelle, parti de Bourges à onze heures, j'étais rendu pour dîner chez moi à six heures; la distance que je franchissais en si peu de temps est de quatre-vingt-huit kilomètres.

Je pourrais citer mille traits de vigueur du cheval percheron; il suffit d'examiner sa construction pour comprendre sa force et sa légèreté. Cette dernière qualité pourrait être encore augmentée, sans diminuer la première, et c'est avec des croisements sages, permettant d'arriver successivement au cheval arabe, qu'on obtiendra ce précieux résultat.

Le cheval percheron est ordinairement gris; il est de taille ordinaire, huit pouces. Il a des naseaux ouverts, la tête carrée et sèche, mais un peu forte; le chanfrein droit, les yeux vifs et grands, les oreilles petites, droites et effilées; la crinière bien fournie, l'épaule assez bien faite, le garrot élevé, la poitrine large; les reins courts et presque droits, jusques à l'extrémité de la croupe; les hanches arrondies, les jarrets larges, légèrement coudés, et en rapport de force avec l'avant-main.

Voilà, selon moi, le cheval [1] qui doit appeler le plus l'attention du gouvernement; c'est dans ce cheval croisé principalement avec le cheval arabe que le ministre de la guerre trouvera les ressources qui lui manquent aujourd'hui pour

---

[1] Le cheval breton est également un modèle à prendre.

la remonte de la cavalerie, et qu'il est forcé d'aller chercher à l'étranger.

J'abandonne un instant cette question pour dire quelques mots sur l'origine des haras.

Le premier de nos rois qui ait eu l'idée d'établir un haras pour ses écuries fut Henri II. Dès son jeune âge, son amour pour les chevaux l'avait déterminé à créer un dépôt aux Tournelles, où était son écurie principale, à Muns (Mehun)[1], à Saint-Léger, et à Oyron chez M. le grand écuyer de Boissy.

Brantôme nous apprend que « la plus part quasi, voire des « meilleurs, estoient de ses haras, qu'il se plaisoit à bien faire « entretenir. » Un jour, au dire de cet historien, le roi fit voir ses chevaux au grand écuyer de l'empereur Charles-Quint, et celui-ci avoua que les écuries de son maître n'étaient pas aussi bien montées. Ces haras royaux furent presque entièrement négligés pendant les guerres civiles. Le seul qu'on eut soin d'entretenir, quand la paix revint, fut celui de Mehun. On trouve dans les Mémoires de Sully, année 1601, une lettre par laquelle le roi lui ordonne de faire venir des poulains de son haras de Mehun. C'est de ce haras qu'il tira les magnifiques chevaux qu'il offrit à Élisabeth, reine d'Angleterre. En 1604 le duc de Bellegarde, grand écuyer, fit transférer ce haras à Saint-Léger. Colbert en 1665 en augmenta l'étendue, y rassembla beaucoup de juments et d'étalons, et y

---

[1] Mehun ou Meung-sur-Yèvre, *Magdunum*, ancienne ville de France, en Berri, district de Vierzon, avec un vieux château bâti par Charles VII, qui s'y laissa mourir de faim.

forma des parcs. Enfin, en 1715, le comte d'Armagnac le transporta en Normandie [1].

Les haras s'établirent successivement dans toute la France; Louis XIV fut le premier roi qui comprit leur importance politique.

La prospérité hippique d'un pays est sans contredit fondée sur l'émancipation particulière de l'industrie chevaline, c'est-à-dire, quand l'industrie particulière se suffit à elle-même; mais pour que le propriétaire suffise au besoin du commerce et de l'armée, il faut que ses produits lui procurent des bénéfices, sans cela l'émancipation n'aura pas lieu. Ceux qui refusent à un gouvernement le droit de se faire propriétaire nieront l'utilité des haras en France, des haras militaires d'Autriche et des haras de Prusse. Je ne suis pas *en principe* complètement éloigné de cette manière de voir. Il viendra un temps où les grands établissements de France, de Hongrie, de Prusse, etc., etc., retourneront à l'industrie particulière; *mais ce temps n'est pas encore arrivé*, et on ne pourra songer à les supprimer qu'après avoir réalisé leurs avantages.

Les résultats de ces haras éveillent la jalousie de l'industrie particulière, trop faible pour lutter contre un grand propriétaire comme le gouvernement. Mais c'est à lui, à lui seul, de faire les premiers sacrifices, d'employer ses capitaux à féconder une terre encore inculte, de créer un monde nou-

---

[1] Voir, à partir de cette époque, une suite d'articles insérés dans le journal *l'Argus*, dus à la plume vigoureuse de M. de Neuvy, ancien officier, qui s'est particulièrement occupé des questions hippiques.

veau de richesses; puis, lorsque cette première tâche sera remplie, de dire à l'industrie particulière : Maintenant faites le reste.

Cette pensée généreuse a reçu un commencement d'exécution : ce plan a été conçu par un homme supérieur, par Louis XIV. Les rois ses voisins ont été ses imitateurs, et, profitant de ses grandes idées, ils ont dépassé de beaucoup celui qui avait rêvé pour la France la prospérité hippique.

C'est le rêve de ce grand monarque qu'il faut accomplir. Nous verrons si, au milieu du chaos général, surgira une pensée généreuse et ferme; nous verrons si l'administration de la guerre saura prendre un parti décisif et sage ; si de son côté l'administration des haras sera assez puissante pour se faire comprendre du pays, et obtenir les moyens d'exécution que la guerre ou elle, doit demander aux chambres.

Depuis quarante ans aucun résultat n'est venu récompenser les nombreux sacrifices du pays. La guerre se plaint de l'administration des haras, qui se plaint à son tour du département de la guerre; et pendant ce temps la France souffre et est écrasée d'impôts. Les rapports officiels le disent, notre cavalerie se remonte à l'étranger. Le ministre a déclaré qu'il y avait péril si la guerre éclatait, et *vingt millions* lui ont été donnés pour remonter notre cavalerie. *Sacrifice utile pour le présent, mais sans profit pour l'avenir.* Le général Oudinot nous apprend ce qu'on doit penser de l'emploi de cet argent. « Ces achats, dit-il, faits à la hâte, ont introduit dans « l'armée un assez grand nombre de chevaux d'une mau- « vaise constitution, et impropres au service militaire. »

Le journal *le Spectateur militaire* ne peut se taire sur ce résultat.

« Mauvais pour mauvais, s'écrie-t-il, certes on aurait
« mieux fait de se fournir de chevaux en France, ou mieux
« encore de ne pas en acheter du tout, que de recevoir la plus
« grande partie de ceux qui provinrent de l'Allemagne ou de
« la Belgique ; car, des régiments où ils furent envoyés, il
« s'en trouve qui en ont déjà *perdu plus d'un tiers*, et qui pro-
« bablement n'en auront plus aucun d'ici à deux ou trois
« ans. Que fussent-ils donc devenus s'il avait fallu s'en servir
« de suite pour entrer en campagne ! »

Si nous étions arrivés au point de pouvoir donner *à l'industrie particulière vingt millions* dans un moment critique
pour la défense de l'État, combien ce sacrifice serait-il diffé-
rent pour la France, ou, pour mieux dire, cette dépense
serait-elle un sacrifice ?

En présence du fait que je signale, que dire, que penser ?
Deux millions annuellement donnés à l'administration des
haras, plusieurs millions annuellement nécessaires à l'entre-
tien de la cavalerie, et vingt millions absorbés en une seule
année, c'est-à-dire un revenu d'un million ! Certes ce sont
là des sacrifices dont on a le droit de demander un compte
sévère aux deux administrations. Je sais que l'administration
des haras se dit injustement accusée. Doit-on la croire plutôt
que l'administration de la guerre ? Voici un fait pris au hasard, qui prouve que quels que soient les torts de la seconde,
la première n'est pas à l'abri des reproches.

Juin 1842. *Spectateur militaire.*

Dernièrement au haras du Pin, soixante produits de deux ans ont été vendus, dans la crainte d'indisposer l'industrie particulière en la personne du jockey-club. Et quels étaient ces produits? On se rappelle que M. Henry Lacase ramena d'Angleterre, Napoléon, Cadland (mort depuis), Lottery; que ces chevaux coûtèrent des sommes considérables, de 25 à 40,000 francs chacun. Eh bien, les poulains vendus étaient les enfants de ces pères, et étaient issus de juments de pur-sang anglais, du prix de 3 ou 4,000 francs, et souvent plus[1]!

Qui donne à l'administration le droit de se défaire de tels produits, appelés, selon toute apparence, à faire un jour des étalons remarquables? C'est là, je pense, une preuve décisive du mauvais emploi des fonds de l'administration des haras.

Il est temps qu'après avoir examiné tous les faits qui accusent ces deux administrations, et que je ne puis mentionner ici, le pays se réveille de son engourdissement, et dicte sa volonté aux ministres par l'organe des chambres.

Il faut que la guerre, dont l'ambition serait de réunir les haras à son département[2], nous prouve qu'elle en est digne, et voici ce qu'elle devrait faire.

---

[1] *Ce système déplorable* semble être définitivement adopté par l'administration des haras; voici les propres paroles de M. le ministre au sein de la commission : « Quant au Pin, j'y réduirai successivement l'élevage de manière à n'avoir plus, dans un jour assez prochain, qu'un très-petit nombre de juments, cinq ou six, pour conserver quelques types, etc.

[2] Mon opinion est d'autant moins suspecte que l'on sait combien je suis opposé à l'administration de la guerre relativement à ses prétentions sur les haras, qui doivent, selon moi, former, jusques à l'émancipation de l'industrie privée, une administration séparée.

Des haras militaires existent en Autriche; je les dis militaires, d'abord parce qu'ils sont désignés sous ce nom :

Ensuite que les hommes se recrutent dans l'armée, qu'ils reçoivent leurs soldes comme l'armée; qu'un général, pris dans l'armée, les commande; que les officiers sous ses ordres sont tous militaires, ainsi que les soldats (j'en excepte l'économe, l'écuyer et l'aumônier); que le chef ne peut rien acheter sans en rendre compte au conseil de la guerre; que les officiers passent des haras dans l'armée, et de l'armée dans les haras;

Que le général ne peut rien vendre sans que le conseil de la guerre en soit instruit; que les officiers d'infanterie sont montés avec les chevaux des haras; qu'après les deux ventes annuelles qui se font, les chevaux non vendus ou non désignés pour les stations sont envoyés à des régiments;

Que lors de la conscription annuelle des jeunes gens, on prend tant d'hommes pour *la cavalerie*, tant pour *l'infanterie*, tant pour *les haras*. Ce dernier mode ne range-t-il pas tout à fait les haras dans le service militaire?

Le comte de Hardegg, beau-frère du ministre de la guerre, peut avoir dit à M. de Champagny qu'il entendait former une administration à part; mais elle n'en est pas moins militaire, régie militairement, et secondée dans ses travaux par les régiments voisins, qui viennent dans certains moments accélérer la rentrée des produits de toute nature.

Eh bien, ces haras militaires indiquent assez au ministre de la guerre ce qu'il doit faire!

Il existe un pays où, pour cinq millions, on pourrait créer

un mézoheyes aussi étendu et présentant des conditions meilleures pour l'élève des chevaux de cavalerie que le célèbre haras de Hongrie. Cinq autres millions suffiraient pour créer des fermes garnies de bestiaux de tout genre, et pouvant recevoir cinq cents juments, nombre qui s'élèverait plus tard au double[1].

M'est-il permis d'espérer qu'un pareil plan serait appuyé auprès de M. le ministre de la guerre par ceux qui désirent sincèrement notre prospérité et notre émancipation hippiques?

C'est de l'application de ce système et de la suppression des achats futurs à l'étranger que sortirait l'émancipation particulière de l'industrie chevaline : la France obtiendrait les résultats qu'ont obtenus nos voisins, et posséderait un jour une cavalerie supérieure à celle de tous les autres peuples.

Chaque ferme, divisée comme il serait facile de l'expliquer, deviendrait un jour une propriété particulière; et non-seulement par l'adoption de ce plan une richesse inconnue aujourd'hui s'élèverait au centre de la France, mais ses bienfaits se répandraient de là dans tous les pays.

Le département de la guerre a besoin annuellement de dix mille chevaux pour alimenter sa cavalerie. Qu'il montre aux particuliers le mode qu'il faut adopter; qu'il devienne pro-

---

[1] On ne peut supposer que les chambres refusent dix millions au ministère de la guerre pour doter la France d'un établissement qui conduira à l'émancipation de l'industrie privée, lorsqu'on voit cette même chambre voter vingt millions pour l'achat de chevaux à l'étranger.

priétaire de terrains qui doubleront de valeur entre ses mains.

Quelle est la contrée que j'ai voulu désigner ? Je vais le dire.

Dans un chapitre du premier volume *De l'équitation et des haras*, ayant pour titre : *Un mot sur les fautes du gouvernement*, j'ai indiqué le Berri, et principalement le département de l'Indre, comme la contrée la plus favorable à l'élève des chevaux de cavalerie.

Des hommes consciencieux et éclairés s'occupent en ce moment d'un travail concernant *la Brenne*, et cette localité est devenue l'objet principal des études de M. le préfet, Ferd. Leroy, qui comprend, dans toute son étendue, l'importance d'une question qui intéresse l'avenir de la France.

MM. Muret de Bord, de Lescaut de la Millanderie, de Lavaux, et Heurtault du Méez, députés du département de l'Indre, MM. les membres du conseil général, s'associent de tout leur pouvoir au travail de la commission [1] nommée par M. le préfet pour appeler sur la Brenne l'attention du gouvernement. Nous ne doutons pas que tous les députés, principalement ceux des provinces du centre, ne concourent de tous leurs efforts à faire utiliser une contrée qui présente plus d'éléments de prospérité que nos voisins n'en ont trouvé

---

[1] Cette commission se compose de MM. de la Tremblais, Navelet, Fombelles, les docteurs Plat, de Launay, Robert, Poitou, comte de Jouffroy, Ancelin, comte de Marconnay, sous la présidence du marquis de Lancosme. M. le ministre des travaux publics, convaincu de l'importance qu'il y a pour la France de s'occuper de la *Brenne*, a donné des instructions favorables par l'organe de M. le sous-secrétaire des travaux publics, *M. Legrand*, dont le département reconnaît avec plaisir les bienveillantes intentions.

dans les localités qui renferment leurs plus beaux haras.

Un haras établi sur une grande échelle, et formant en même temps une institution modèle d'agriculture, est indispensable à la France, et devra être placé au centre. Il est facile de concevoir l'économie d'une pareille mesure adoptée en vue de l'*émancipation de l'industrie privée*. Voici les considérations qui appellent l'attention du gouvernement sur la Brenne :

1° Position centrale d'un haras au milieu de la France ;

2° Terrain à bon marché ;

3° Vaste étendue ;

4° Constitution physique du sol ;

5° Nature d'herbes produisant le cheval nerveux ;

6° Pays malsain au centre de la France et appelant forcément les sacrifices du gouvernement [1] ;

7° Grand fond et forte santé des chevaux du pays ;

8° Absence de maladies chez les chevaux, etc., etc.

Le simple exposé de ces faits fera comprendre qu'un pays qui présente de telles conditions est un pays privilégié pour l'élève des chevaux, et qu'il doit fixer d'une manière particulière l'attention des chambres, si intéressées aujourd'hui à donner une solution utile à la question chevaline.

---

[1] Le gouvernement n'a jamais cessé d'avoir les yeux sur la Brenne, et plusieurs fois la suppression des étangs a été ordonnée.

Conclusion.

Tandis que les hommes les plus éminents dans la science hippique, et les plus hauts placés sur l'échelle sociale, s'efforcent d'éclairer le pays, plusieurs députés d'une ignorance complète sur ces questions, et n'écoutant que des vues personnelles, se sont efforcés d'égarer l'opinion de la Chambre; heureusement son patriotisme s'est ému en présence de notre position chevaline.

Une commission chargée d'examiner cette position sous toutes ses faces avait présenté un travail qui s'explique ainsi pour tout homme à même d'apprécier la question dans tout son ensemble :

Anéantir l'industrie privée, remplir les poches de quelques habitants de la capitale, et rester dans la position critique qui afflige tout véritable patriote.

La commission désapprouvait l'administration de la guerre dans les mesures les plus favorables à l'industrie privée, et entre autres reproches on remarquait celui d'avoir livré aux éleveurs, des juments poulinières provenant des réformes de l'armée. Puis, par un de ces calculs incroyables, on voulait ôter au gouvernement le droit de produire, et il était facile d'entrevoir le moment où toutes les magnifiques juments poulinières, et leurs beaux et vigoureux produits, seraient devenus la propriété des auteurs du projet adopté par la commission; mais laissons ces questions dont la Chambre a su faire justice[1]. Je ne puis néanmoins taire un regret véritable, celui de ne pas voir choisir, dans de pareilles discussions, des hommes spéciaux. La Chambre possède dans son sein des officiers remarquables, capables d'éclairer leurs collègues, et je ne crains pas de dire que si des hommes comme le général de la Bourdonnaye, entre autres, avaient été choisis pour examiner la question qui nous occupe, le rapport de la commission eût été entièrement opposé à ce qu'il a été[2].

[1] La Chambre dans la discussion n'a vu qu'un seul fait, c'est que nous sommes dans la misère la plus complète sous le rapport de l'industrie chevaline; elle a voté 180,000 fr. de plus que l'année dernière.

[2] M. le Ministre du commerce et de l'agriculture n'a pas voulu compromettre le gouvernement par des engagements qui eussent aliéné une partie de la chambre; aussi s'est-il exprimé ainsi : « Le gouvernement ne dit pas d'une manière absolue qu'il garde; il ne dit pas d'une manière absolue qu'il renonce. » Que dit-il donc? rien de positif. C'est assez bien s'en tirer dans la question actuelle. Tout le monde connaît la fable de *l'Huître et les deux Plaideurs*. On sait qui mangea l'huître, — et

Les deux hommes les plus en état aujourd'hui de traiter la question hippique sous son véritable point de vue national, sont sans contredit MM. le duc de Gramont et le marquis Oudinot. Que demandent ces messieurs ? l'émancipation de l'industrie privée. *Leur principe est le même, et leurs moyens ne diffèrent même pas.*

Cela est si vrai, que M. le marquis Oudinot, dont les idées sont entièrement opposées à celles de l'administration des haras, a été forcé, pour paralyser les effets de doctrines pernicieuses, de prendre la défense de cette administration. Car la pensée de l'honorable général n'a jamais été de détruire ce qui existe ; il est au contraire partisan de la conservation du principe actuel, mais il blâme l'application qu'on en fait.

De son côté, le duc de Gramont, dans un mémoire très-remarquable, a porté et définitivement établi la question chevaline sur son terrain pratique. Il a déterminé, dans son système d'organisation des haras, la véritable part dévolue, dans l'acte de la reproduction, soit à l'intervention gouvernementale, soit à l'industrie des producteurs.

Un plan d'avenir qui établit et résoud ces questions, n'est-il pas rationnel et le seul qu'on doive adopter ? le passé ne devrait-il pas nous éclairer[1] ?

---

bien, on sait aussi qui mange le budget alloué aux dépenses de l'administration des haras, c'est-à-dire l'emploi peu judicieux qu'on fait des fonds. Perrin Dandin, qui mit d'accord les deux plaideurs, avait raison ; mais M. le Ministre, qui se place aujourd'hui entre certains intérêts privés et les gens sensés, représentés par M. Oudinot, a tort et très grand tort.

[1] Parmi les opinions exprimées par les adversaires du système pur sang, un député étant monté à la tribune pour dire qu'il n'admettait de course en France que celles

Si nous reportons nos idées un demi-siècle en arrière, nous voyons qu'avant 1789, l'administration de chaque province agissait presque isolément suivant les doctrines de l'époque et dans la sphère des intérêts de la localité. Quand plus tard l'empereur se trouva en présence de la nécessité d'arrêter la dépopulation chevaline, il eut, en organisant l'administration des haras, à songer surtout aux besoins du moment, aux besoins de la guerre.

La restauration, à son tour, accepta les éléments qui lui avaient été légués, sans trop se rendre compte des nouveaux besoins d'un temps de paix.

au petit galop, et par exception (ce qui veut dire par ordonnance royale) au grand galop, — le plus chaud partisan du Jockey-Club s'est élancé à la tribune pour répondre à un fait personnel. — Si mes chevaux, s'est-il écrié, n'arrivent pas au but, ce n'est pas faute d'aller au grand galop, et je maintiens les courses au grand galop. Puis il a ajouté, et la suppression de la *jumenterie* au haras du Pin. — Ce à quoi un député a répondu par la proposition de créer un haras de fonctionnaires d'administration des haras ; or, le préopinant n'était autre que le député le plus favorable, depuis qu'il est à la Chambre, à l'administration des haras.

La France entière a entendu M. le Ministre de l'agriculture et du commerce ; elle peut juger si l'administration des haras a besoin *d'un chef...* — Ceux qui ont inspiré M. le Ministre dans ce qu'il a dit aux Chambres sont bien répréhensibles, car ils ont compromis la dignité du ministère en lui faisant avouer qu'aucun principe n'était bien arrêté, et on se rappelle que M. le Ministre a déclaré que « l'industrie particulière pourrait remplacer l'élevage à Rosières, et qu'il n'en était pas de même au Pin. » — Ce qui veut dire que l'industrie privée est plus avancée en Lorraine qu'en Normandie. — M. le général Oudinot a fort bien fait remarquer que le Ministre devait dire le contraire.

Aussi l'honorable orateur n'a-t-il pu s'empêcher de terminer son discours par ce vœu qui est celui de la France entière : « ... Une réorganisation des haras est appelée par tous ceux qui s'intéressent au développement de l'industrie chevaline. » Et M. Mercier (de l'Orne) a ajouté : « Je considère comme *un premier besoin* de donner à l'administration des haras cette unité d'action qui lui manque, en plaçant à sa tête un directeur général dont la responsabilité deviendrait une garantie contre les abus... »

Toutefois, par la force des choses, par l'expérience, on était poussé dans une nouvelle direction, et tout faisait présager une inévitable transformation dans l'organisation des haras. La révolution de 1830 survint ; les hommes pratiques disparurent et furent remplacés par des hommes obligés de faire à leur tour leur éducation, et de passer par les mêmes difficultés et les mêmes mécomptes que leurs prédécesseurs. Le premier noviciat avait duré quinze ans ; celui-ci est parvenu à la treizième année.

Mais pendant que les hommes se forment et acquièrent de l'expérience aux dépens de l'État, les besoins du moment se font sentir, et ce qui n'était naguère qu'une nécessité, devient une calamité publique. On recueille aujourd'hui le fruit de la faute immense qu'on fit de ne pas nommer à la tête des haras, des hommes pratiques [1], et de refuser au pays une chambre consultative d'agriculture. Cependant il existe des hommes pratiques pour mettre à la tête des haras : il existe des chambres consultatives de commerce et de manufactures qui pourraient faire comprendre l'utilité de la

[1] Qu'on me permette de rappeler les paroles de M. le Ministre du commerce dans la séance du 20 juin 1843.

« A une autre époque, et je rappelle ce souvenir avec douleur et chagrin, on a considéré l'administration des haras comme un hôpital où l'on devait admettre tous ceux qui n'avaient ni feu ni lieu, sans s'inquiéter de leur incapacité et de leur ignorance, sans leur demander s'ils possédaient les connaissances nécessaires pour ce service. L'administration a reconnu que de tels éléments devaient être écartés de son sein ; elle s'est attachée depuis à faire choix d'hommes intelligents, et, secondée par la chambre, elle est entrée dans des voies d'améliorations qu'elle a suivies avec persévérance. »

De quelle époque M. le Ministre entend-il parler? Est-ce de celle où on a fait d'un détenu pour dettes à Sainte-Pélagie, un inspecteur général des haras?

création d'une chambre consultative d'agriculture. Cette création serait une garantie pour les intérêts privés, qu'elle surveillerait en même temps que ceux du pays.

Cette pensée inspira à M. le duc de Gramont de donner pour base à son organisation des haras, un conseil spécial consultatif.

Nous n'entrerons pas dans le détail du travail de M. le duc de Gramont, qui, à notre avis, est l'homme le plus capable de présider à l'organisation d'une institution, œuvre de sa pensée, et dont la réalisation assurerait la prospérité chevaline du pays. On se rappellera toujours les services que M. le duc de Gramont, alors duc de Guiche, a rendus à la question hippique.

Je termine ce chapitre et ce livre en mettant sous les yeux du lecteur une vérité bien triste que me fournit M. le baron de Laussat.

On se rappelle les intéressantes conférences du cercle agricole, dans lesquels MM. le marquis Oudinot, Hamon et le baron de Laussat, ont successivement pris la parole pour exposer leur doctrine. Dans l'une de ces conférences, M. le baron de Laussat a établi les besoins réels de l'agriculture, du roulage, des postes, de l'armée et du luxe, et son travail a donné le résultat suivant :

Il faut pour les besoins de la France.. 3,962,720 chevaux.
Notre population actuelle est de...... 2,818,419

Notre déficit est donc de.. .... 1,144,301 chevaux.

Aussi, ne doit-on pas s'étonner, selon le savant et habile orateur, s'il résulte des documents officiels des douanes que nous sommes tributaires de l'étranger depuis deux siècles [1].

En admettant les chiffres de M. de Laussat, quels sont les moyens de sortir d'un état de choses aussi déplorable ?

Je n'en vois qu'un seul, celui de donner à la France entière le goût des chevaux en formant des hommes de cheval qui se répandront dans tous les départements. L'homme riche qui saura monter à cheval emploiera une partie de sa fortune à élever des chevaux, ou au moins à s'en procurer ; et l'homme même peu fortuné fera souvent des sacrifices pour satisfaire un goût qu'on aura éveillé en lui.

Ayez donc un manége dans chaque école vétérinaire de France. Établissez une académie nationale d'équitation et des haras à Paris, d'où rejaillira la lumière et qui formera des hommes instruits. Établissez des haras sur le modèle de propriétés particulières, de telle sorte qu'ils reviennent à l'industrie privée, le jour où celle-ci sera assez forte pour se suffire à elle-même.

[1] M. le baron de Laussat se propose de publier son opinion sur la question hippique dans un ouvrage assez volumineux, qui renfermera les différents modes d'élever les chevaux en France et chez nos voisins.

FIN.

ERRATUM.

Page 36, ligne 16, *au lieu de :* j'aime mieux croire qu'il pas lu attentivement,
lisez : j'aime mieux croire qu'il n'a pas lu attentivement.

TABLE DES MATIÈRES.

www.ingramcontent.com/pod-product-compliance
Lightning Source LLC
LaVergne TN
LVHW021705060726
842527LV00003B/1011